エネルギーの未来

脱・炭素エネルギーに向けて

馬奈木俊介【編著】
Shunsuke MANAGI

The Future of Energy

中央経済社

はじめに

　世界全体の人口は2040年には現在よりも16億人多い90億人となる見込みである。国際エネルギー機関「世界エネルギー展望（Energy Outlook）」によると，人口増加だけではなく，代替エネルギーの急速な伸長と発電コストの低下により，2040年には現在よりもエネルギー需要が30％伸びると予測している。そして気候変動による気温上昇を1.5℃から2℃程度に抑えるためには，2040年での電源に占める再生可能エネルギー割合を60％，原子力を15％，炭素回収・貯蔵技術で6％を回収しなければならないと報告されている。

　現在の最新の低炭素，再生エネルギー関連の技術を用いることは大事であるが，実際には費用が高いこともあり，現状技術だけでは問題解決にはつながらない。そのため，現状の技術からさらに技術進歩により，使いやすいようにすることが求められている。どのような状況であれば技術を採用するのかという理解が必要であり，つまりは人々の行動を変容させる政策が必要となる。

　本書では，最先端の取り組みとエネルギーの未来がどのようになるかを技術面そして政策面から概観することを目的とする。今後の代替エネルギー源を確保すること，不安定性を減らすことができる技術等の多様な取り組みについても取り扱う。

　いまでは国レベルの政策の観点や国連のSDGs（持続可能な開発目標：Sustainable Development Goals）においても，代替エネルギーの重要さが強調されている。企業レベルでは，ESG（環境，社会，ガバナンス：Environmental, Social and Governance）においても，持続可能な社会に貢献するために，再生可能エネルギー，環境保護，慈善団体への寄付など多様な活動を推進している。これらには炭素クレジット化による対応，グリーンプロダクトによる対応を行っている事例も多い。

　本書では，世界のエネルギー動向と今後の展望について解説している。そして代替エネルギーを推進する政策である固定価格買取制度（FIT）等の今後のエネルギー動向を左右する政策の仕組みについても説明する。世界各国の特徴を踏まえたうえで将来のエネルギー社会の可能性について解説している。エネ

ルギーミックスや省エネルギー対応の政策などの国内・国際的動向については、多くの論点があるために分かりやすさを追求した内容になっている。その後に、グリッド、バッテリー、小水力、太陽光、エレクトロニクス、バイオマス、地熱、省エネといった個別技術について解説を行っている。

特にバッテリーについては、研究開発の進展が早いために、現時点とこれからの動向を説明している。太陽電池については、基礎的な原理の理解が今後の発展にとって大事なために、説明を行っている。小水力については、地域内での合意形成の進め方が重要なために、地域全体での進め方を説明している。

次に次世代エネルギー、エネルギーマネジメントシステム、バイオマス、地熱については、今後の発展を見すえた上での動向を紹介している。

エネルギーに関連する課題を解決するために、九州大学では、2016年10月にエネルギー研究教育機構をつくり、研究・教育活動を開始した。九州大学は低炭素エネルギー研究の分野（論文数、被引用数）において国内大学1位であり、技術開発を中心に国際的に活躍している。本書では、本機構に関連する有志により入門的な書籍をつくることを目的にエネルギーの未来を理解するための基礎についてまとめている。

本書の作成にあたり、九州大学の若山正人副学長、井上和秀副学長、佐々木一成副学長、エネルギー研究教育機構の田中久裕氏、学術研究・産学官連携本部の三和正人氏にはご支援・ご協力をしていただいた。そして中央経済社ホールディングスの山本継会長、中央経済社編集部の酒井隆氏には本書の企画段階から完成に至るまで、細部にわたり多大なサポートをしていただいた。ここに記して深く感謝の意を表す。

2019年1月

馬奈木　俊介

目　次

はじめに・i

第1章
グローバルエネルギー

1　はじめに―パリ協定と気候変動問題 …………………………… 1
2　世界のエネルギー需要 …………………………………………… 5
3　化石（枯渇性）エネルギー ……………………………………… 8
4　再生可能エネルギー ……………………………………………… 13
5　まとめ ……………………………………………………………… 15

第2章
環境・エネルギー政策の経済モデル

1　はじめに …………………………………………………………… 18
2　環境政策 …………………………………………………………… 18
3　再生可能エネルギー利用促進政策 ……………………………… 24
4　まとめ ……………………………………………………………… 30

第3章
エネルギーミックス

1　はじめに …………………………………………………………… 32
2　現在のエネルギーミックスと現行の政策の延長にある
　　エネルギーミックス ……………………………………………… 32

3 将来のエネルギー技術の進展とエネルギーミックス……… 37
　4 将来の政策とエネルギーミックス………………………… 44
　5 まとめ……………………………………………………… 52

第**4**章
再生可能エネルギー活用とグリッド

　1 背景………………………………………………………… 56
　2 日本の状況………………………………………………… 58
　3 次世代電力供給…………………………………………… 63
　4 再生可能エネルギーの可能性…………………………… 66

第**5**章
バッテリー研究開発の最新動向

　1 エネルギー貯蔵装置としてのバッテリー……………… 72
　2 バッテリーの種類………………………………………… 73
　3 代表的二次電池…………………………………………… 73
　4 リチウムイオン電池の課題……………………………… 74
　5 ポストリチウムイオン電池……………………………… 76
　6 まとめ……………………………………………………… 88

第**6**章
地域のための小水力

　1 はじめに…………………………………………………… 90
　2 小水力発電導入時の課題………………………………… 91
　3 小水力発電の仕組み……………………………………… 92

4　水利権とは……………………………………………………94
5　地域のための小水力とは？…………………………………95
6　宮崎県日之影町大人集落の事例……………………………100

第7章
太陽電池の原理と作成プロセス

1　太陽電池……………………………………………………107
2　エネルギーの分布則………………………………………108
3　状態密度……………………………………………………110
4　キャリア濃度………………………………………………114
5　真性半導体…………………………………………………117
6　不純物半導体………………………………………………118
7　PN接合………………………………………………………122
8　キャリアの濃度勾配による拡散…………………………124
9　ドリフト効果によるキャリアの運動……………………125
10　キャリアの再結合とライフタイム………………………125
11　キャリアの拡散と電流密度………………………………126
12　PN接合の電流電圧特性……………………………………127
13　逆電圧降伏…………………………………………………128
14　光起電力効果………………………………………………129
15　太陽電池の動作原理………………………………………130
16　一方向性凝固法……………………………………………136
17　シリコン凝固過程…………………………………………138

第8章
次世代エネルギー社会を支えるエレクトロニクス

1　はじめに……………………………………………………141

2 パワーエレクトロニクスからグリーンエレクトロニクスへ ···· 142
3 グリーンエレクトロニクスを支えるシーズ技術 ················ 144
4 今後の研究開発動向 ·· 146

第9章
バイオマス・エネルギー供給の可能性と課題
―メタン発酵を中心にして

1 はじめに··148
2 我が国におけるエネルギーの供給の見通しとバイオマス・
  エネルギーの位置づけ··148
3 湿潤系バイオマスのエネルギー利用における環境改善効果···155
4 我が国における湿潤系バイオマス利用の先進事例············158
5 まとめ―窒素循環の視点から··165

第10章
エネルギーマネジメントシステム
―電気エネルギーを中心として

1 はじめに··167
2 電気エネルギーとエネルギーマネジメントシステム·········167
3 エネルギーマネジメントシステムの今後····························179

第11章
これまでの地熱発電開発と将来展開に向けた課題

1 地熱発電のしくみ··181
2 発電の開発手法··184
3 地熱発電の発展と停滞の歴史··186

4	2011年以降のエネルギーの転換 …………………………189
5	地熱発電導入拡大に向けた取り組み ……………………192
6	次世代型地熱発電の研究開発 ……………………………195
7	将来の地熱利用 ……………………………………………196

おわりに・199

索引・201

第1章

グローバルエネルギー

1 はじめに―パリ協定と気候変動問題

　2015年12月12日，フランスのパリで開催された国連気候変動枠組条約第21回締約国会議（COP21）において「パリ協定」が締結され，2016年11月4日に発効した。パリ協定は，1997年に採択された京都議定書以来の気候変動に関する新たな国際的枠組みであり，世界共通の長期目標として「世界の平均気温上昇を産業革命以前に比べて2℃未満に抑えること（さらに1.5℃に抑える努力の追求をしていくこと）」を規定している。また，できるかぎり早い段階で世界の温室効果ガス排出量をピークアウトする（減少トレンドに転じる）ことや，21世紀後半には人為起源の温室効果ガスのネットゼロエミッション[1]を目指すことも明示的に示された。この協定の最大の特徴は，歴史上初めて先進国・途上国を問わず「気候変動に関する国際連合枠組条約」のすべての締約国（196ヵ国）が参加する点であり，2020年以降の緩和策（温室効果ガス排出削減・抑制）等の目標を各国が策定することを義務づけている。

　グローバルな規模で気候変動対策が進んでいる背景には，気候変動によってもたらされるさまざまな懸念を回避することにある。気候変動問題は，全球的な気温の上昇自体だけではなく，気温ならびに降水量の空間的・時間的パターンが過去の傾向から異常に逸脱してしまうような地球規模での変動を指す。こうした変動は人間社会においてさまざまな影響をもたらす。例えば，農業などの第一次産業における生産高の変化や，水資源の変化，衛生環境の変化など多方面に及ぶ。さらに，平均気温の上昇（特に極地域の気温上昇は激しくなる）は雪氷の融解を引き起こし，それに伴う海面上昇で水没の危機に直面する国も

ある。また、生態系への懸念もある。地球規模に及ぶ気候帯の移動は、もしそれが生態系の適応速度を超える変化となった場合に壊滅的な被害を及ぼす可能性がある。これらの影響は現時点で不確実性が大きいものが存在するが、将来的にはデータの蓄積によって不確実性は縮小していくと考えられている。しかしながら、不確実性が大きいことを理由に対策を取らない理由はない。なぜなら、大規模な気候変動が生じてしまった場合、その変動は短期的には不可逆的なため、100％の科学的な確証を得てから対策を取るようでは手遅れになるからである。

　パリ協定の長期目標に"産業革命以前に比べて"とあるように、二酸化炭素が増加し始めたのは18世紀後半の産業革命以後である。産業革命以降、エネルギーを生み出すために化石燃料を大量に消費し始めたことにより、大気中の温室効果ガスが急激に増加し蓄積されてきた。こうした人為起源の温室効果ガスの排出構成のうち、76％が化石燃料や薪の燃焼、森林伐採などを原因とする二酸化炭素である（図表1-1）。こうした人間の経済活動による人為的な二酸化炭素の排出量は世界全体では依然として増加傾向が続いている（図表1-2）。

図表1-1　世界の人為起源の温室効果ガスの総排出量に占める種類別の割合

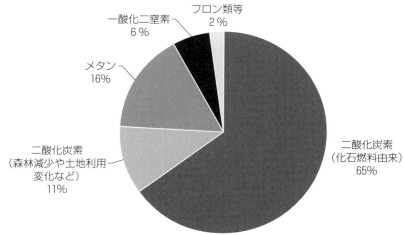

※　2010年の二酸化炭素換算量での数値
（出所）　IPCC第5次評価報告書より筆者作成

図表1-2　世界の二酸化炭素排出量の推移（1992-2013）

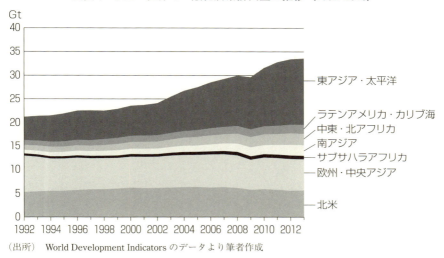

（出所）　World Development Indicators のデータより筆者作成

　増加の大きな要因は，新興国・発展途上国の経済発展によるものである。特に，中国，インドなどのアジア諸国やメキシコやブラジルなど中南米においてその傾向が著しい。一方で，ヨーロッパ地域や北米地域では排出量のピークを迎え減少し始めている。米国では2005年以降，シェールガス生産増大に伴って石炭比率が減少し，ガス比率が上昇したことの貢献が大きい。このように，先進国では二酸化炭素の排出量は減少し始めている国々があるものの，発展途上国においては増加が続いている。世界全体として排出量を減らしていかなければならない中で，できるかぎり早い段階でのピークアウトを目指すパリ協定が締結されたことの意義は大きい。

　パリ協定では，各国が自主的に（ボトムアップ方式による）削減目標「自国が決定する貢献（NDCs：Nationally Determined Contributions）」を策定し，提出することを義務づけている。ここでの目標設定は「自国が達成可能である範囲で最も高い目標」としているが，長期的にはさらに高い目標を達成すべく，各国は5年ごとに取り組みの見直しをして目標の再設定を行う。また，パリ協定における長期目標達成に向けた全体的な進捗を評価するため，2023年以降5年ごとに世界全体の実施状況を確認（グローバルストックテイク）していく。

図表1-3 「自国が決定する貢献（NDCs）」に基づく各国の温室効果ガス排出量削減目標

国・地域	自国が決定する貢献（NDCs）
日本	2030年までに2013年比で－26％（2005年比で－25.4％）
欧州連合（EU）	2030年までに1990年比で－40％（欧州連合全体で）
米国[※1]	2025年までに2005年比で－26％～－28％ （－28％に向けて最大限努力）
カナダ	2030年までに2005年比で－30％
メキシコ	2030年までにBAU比[※2]で－25％，条件付きで－40％を目指す 条件：技術移転や財源の状況などに応じて
中国	2030年までに2005年比でGDP当たりCO_2排出量を－60～－65％ 2030年前後にCO_2排出量のピークを達成（ピークを早めるよう最善の努力）
インド	2030年までに2005年比でGDP当たりCO_2排出量を－33～－35％
インドネシア	2030年までにBAU比で－29％，条件付きで－41％を目指す 条件：技術，能力育成，資金援助を受けられた場合
ブラジル	2025年までに2005年比で－37％

[※1] 米国のトランプ大統領はパリ協定離脱を正式に表明している。
[※2] Business as Usualの略。特段の省エネ・温室効果ガス削減対策を実施しなかったケース。
（出所） NDC Registryより筆者作成

　図表1-3は，先進国，発展途上国のいくつかの国について，各国が提出したNDCsに基づく削減目標を示している。この表からもわかるように，各国が自主的に定めた目標は基準年度や指標などが異なっており，削減率を単純に比較することは難しい。また，どの年を基準年にするかに応じて削減率も変化するが，多くの国において基本的には削減率が大きくなる年を基準年としている。さらに，各国の基準年における排出量の規模に応じて削減率1％が持つ貢献度は異なることにも注意が必要である。
　こうした全員参加型の枠組みが合意されたことは歴史的な進歩であるが，現時点においてNDCsで各国が掲げている削減目標では，パリ協定の長期目標である「2℃目標」の達成は困難である。そのため，さらなる野心的な取り組みが各国に求められている。そこで長期目標達成の鍵となるのが，温室効果ガ

ス排出量の3分の2以上を占めるエネルギー部門の変革である。このことからも，パリ協定は核心的にはいわばエネルギーに関する協定であるといえる。パリ協定の締結を機に，今後数十年で世界のエネルギーシステムを変革していくことが期待されている。そのためには，技術進歩や市場整備で今後さらに削減目標を高くできるようにする必要がある。

International Energy Agency（IEA）の The World Energy Outlook 2016（WEO-2016）では，国家（政府）主導のエネルギー関連政策の仮定を考慮した3つのシナリオを中心に将来の展望を示している。1つめのシナリオは，各国から提出されたNDCsをもとに将来的に実施可能な新たなエネルギー政策などを考慮した「新政策シナリオ」である。2つめのシナリオは，2016年現在において実施されている政策のままの「現状政策シナリオ」（中心シナリオ，ベンチマークシナリオとも呼ばれる）である。3つめのシナリオは，パリ協定の長期目標として掲げられている気温上昇を産業革命以前に比べて2℃未満に抑えることを想定した脱炭素シナリオ「450シナリオ」である[2]。各シナリオの詳細な定義および，各シナリオで考慮されている各国政策の詳細はWEO-2016の第1章，Annex Bをそれぞれ参照されたい。各シナリオの特徴として，新政策シナリオや現状政策シナリオが現時点の状況・条件から将来を予測するフォアキャスティング（Forecasting）なのに対して，450シナリオは，想定している将来時点の目標からの逆算で（資源の制約などを考慮して）現時点までの経路を考えるバックキャスティング（Backcasting）である。本章では，これらのWEO-2016シナリオに基づきながら，世界のエネルギー動向と将来展望について述べていく。

2 世界のエネルギー需要

まず，世界でエネルギーがどれほど消費されているのかについて見ていく。**図表1-4**は世界の一次エネルギー[3]需要の推移を示している。世界全体のトレンドとして，この50年でエネルギー需要が3倍ほど増加していることがわかる。増加の理由は，かつては米国や欧州など先進国の経済発展による影響が大きかった。しかし近年の傾向は，中国，インド，中東・中南米諸国の経済発展

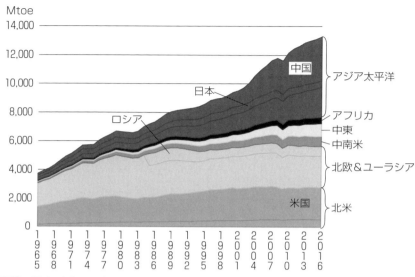

図表1-4　世界の一次エネルギー消費量の推移（1965-2016）

（出所）　BP Statistical Review of World Energy 2017のデータより筆者作成

によるものが大きく，OECD諸国の消費量を上回っている。今後もOECD諸国のエネルギー需要は全体的に減少傾向にあるため，世界のエネルギー消費の地理的分布は産業化，都市化が進むインド，東南アジア，中国といった地域とアフリカの一部，ラテンアメリカ，中東に引き続き移行していく。IEAの新政策シナリオでは，2040年までに世界のエネルギー需要が30％上昇し，そのうち中国やインドがそのシェアの大半を占めると予測されている。

　それでは世界の人々はどういった資源からエネルギーを得ているのだろうか。**図表1-5**は2016年における世界の一次エネルギー消費量のエネルギー源構成を示している。この図からわかるように，石炭，石油，天然ガスといった化石燃料の割合が約85％を占めており，化石燃料への依存度が高いことがわかる。しかし，将来的にはこのようなエネルギー源の構成に変化が見られる。

　WEO-2016シナリオにおいて，化石燃料の中ではシェール革命により石油や天然ガスへの依存割合が世界全体で増加すると予測されている。特に，天然ガスの消費量が最も増えて50％の伸びとなっている。原油需要の伸びは鈍化する

図表1-5 世界の一次エネルギー消費量におけるエネルギー源構成（2016年）

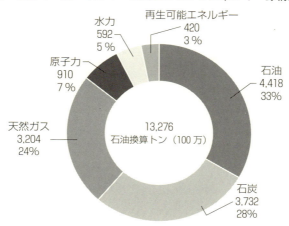

（出所）BP Statistical Review of World Energy 2017のデータより筆者作成

ものの，新政策シナリオのもとでは2015年時点の日量9,250万バレルから2040年までに日量1億300万バレルまで増加する。また，アジアの発展途上国の石油消費量は，2030年代半ばまでにOECD（Organisation for Economic Co-operation and Development：経済協力開発機構）諸国全体の消費量を上回る。世界全体の石炭消費量は途上国の経済発展により近年急速に増えていたが，環境負荷への影響の懸念により今後は急激に落ちこんでいく。それによりエネルギー消費量全体に占める石炭消費量の構成比は減少するものの，アジア地域では今後も伸び続ける。また再生可能エネルギーについては，エネルギー消費全体に占める量はまだまだ小さいものの，成長が最も著しいエネルギー源である。中でも，太陽光発電や風力発電の普及が利用割合の増加に大きく貢献する。太陽光発電については特に中国とインドでの拡大が最も著しい。原子力発電は，多くの国では政治的に受け入れられるかどうかに依存するが，主に中国での導入によって世界全体では増加する。

3 化石（枯渇性）エネルギー

① 石　油

　1980年台後半から現在にかけて石油の需要は伸び続けていることがわかる（**図表1-6**）。しかし将来にかけてはシナリオによって3つの経路が示されている。現状政策シナリオでは，石油需要は2040年にかけて年間平均で日量100万バレル増加していく。このシナリオではまだ実施されていない政策は考慮されていないため，今後25年間で需要の伸びの減速はほぼ見られない。

　しかし，各国NDCsの政策を考慮した新政策シナリオにおける長期的な石油需要を見てみても，2040年までにピークアウトするほどではないことがわかる。これらの需要は主に輸送（陸運，航空），石油化学の2つの部門に集中しており，2つの部門で世界の石油消費の伸びのほぼすべてを占めることになる。主な理由として，輸送部門で言えばトラックや飛行機の燃料，石油化学部門で言えば化学工業の原料である石油の代替品を2040年まで見つけることが非常に困難な状態にあるためである。特に石油化学工業の原料は，2040年までに石油消費総量の4分の3を占め，現在の3分の2からさらに増加すると予測され

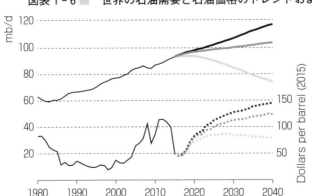

図表1-6　世界の石油需要と石油価格のトレンドおよび将来シナリオ

（出所）IEA（2016）

ている。

　450シナリオでは，2020年までに日量9,300万バレルをわずかに上回るがピークアウトする。その後の需要の減少速度は前年比で加速していくため，2020年代後半には世界の需要は毎年，日量100万バレル以上のペースで減少していく。そのうちOECD諸国における需要は，米国の50％以上の減少などにより2040年までにトータルで日量2,000万バレル以上減少すると予測されている。非OECD諸国では，国・地域によって需要の増減がさまざまである。ラテンアメリカでは2015年から2040年にかけて日量150万バレル程度減少する（そのうちブラジルの減少が半分を占める）。中国の需要は2020年代半ばにピークを迎え日量1,250万バレルに達し，2030年代初めには米国の需要減少も相まって世界最大の消費国になる。しかし，2040年までにピークから日量200万バレル以上減少すると見込まれる。その一方で，インドやサブサハラアフリカにおける需要は大幅に増加する。将来的に需要が最も増大するインドでは2040年までに現在の水準からほぼ倍増し，サブサハラアフリカでは3分の2程度増加する。この伸び率は新政策シナリオに比べれば約4分の1程度であるが，それでも非OECD諸国全体の需要は現在に比べて日量280万バレル増加することになる。

　新政策シナリオと450シナリオとの差を見ても明らかなように，現在提出されている各国NDCsの削減目標では2℃目標の達成にはほど遠い。そのため，長期目標を達成するには，電気自動車やバイオ燃料などのより低炭素な燃料・技術への転換が求められる。しかし，現時点においては経済性や技術の面での課題も大きいことから，技術のイノベーション・普及をより強く後押しするような政策や取り組みを社会全体で進めていくことが期待される。

❷　天然ガス

　天然ガスは，環境への負荷が他の化石燃料に比べて最も低く有害物質が含まれていないことから，石炭や石油に比べてクリーンな資源と位置づけられている[4]。**図表1−7**にあるように，世界の天然ガス需要は2000年以降の10年間に年率3％近くで伸びてきていたが，2010年以降は約1.4％程度に減速している。産業におけるガス使用が堅調に伸びている中で世界のガス需要の伸びが減速している理由は，主に世界の電力システムに見られる。欧州連合（EU）では経

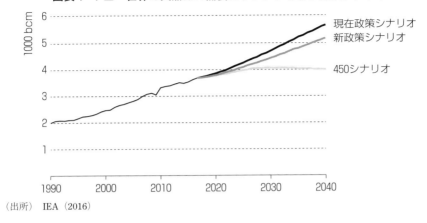

図表1-7　世界の天然ガス需要のトレンドおよび将来シナリオ

（出所）　IEA（2016）

済成長の鈍化と再生可能エネルギーの急速な普及によって排出量取引（EU-ETS）市場の沈滞を招いた。そして炭素価格の下落をもたらし，ガスから石炭の利用を助ける形になった。EUの電力部門におけるガス利用は2010年から2014年にかけて年平均12％近く顕著に減少してきている。また，アジアのような電力需要の伸びが著しい国々でも，ガスは石炭や再生可能エネルギーとの競争にさらされている。中国では，ガス需要の二桁成長率が陰りを見せており，液化天然ガス（LNG）の輸入量も2015年にはほとんど増加していない。

　需要の伸びが全体的に減速している一方で，米国や豪州で供給能力が増強されているため世界市場ではガスが豊富にある。さらに，液化天然ガス（LNG）の貿易高が倍増することに伴って世界の市場がより柔軟になることで，世界のエネルギー構成におけるガスの役割が拡大することが期待されている。ガスは今後数十年にわたり他の化石燃料よりもはるかに優れているといえるが，一方で長期的な見通しはこれまでに比べると少し控えめになってきている。ガスの将来の可能性と不確実性を踏まえたうえで，将来シナリオについて見ていく。

　2040年までの天然ガスの需要は，新政策シナリオ，現状政策シナリオにおいては年率1.5％〜1.9％程度増加すると予測されている。これらの成長率は，過去25年間の年率2.3％の成長率と比べると低いが化石燃料の中で最も増加が大きい。ガス消費量は世界のほとんどの国でも増加（特に中国と中東で最も増加）

するが，日本は例外で，原子力発電所が再稼働する場合には減少に転じる。

　低炭素化に向けた制度が相対的に緩い現状政策シナリオでは，電力部門におけるガスと石炭の競争において石炭が勝る場合が多い。これは新政策シナリオにおける制度を考慮しても十分ではない。一方で，より低炭素な再生可能エネルギーはガスに比べて成長率が低くなるため，電力需要を満たすための余地がより大きくなることから，ガスの成長率は新政策シナリオに比べて現状シナリオのほうが高くなっている。

　ガスは他の化石燃料に比べて低炭素なエネルギーシステムへの転換に向けて重要な役割を果たすが，450シナリオが想定している持続可能な脱炭素社会においては様相が大きく異なる。450シナリオでは，これまでの2つのシナリオとは大きく異なるシナリオを描いている。ガス需要は，2020年代半ばまで増加し続けているがその後は平準化する。予測期間の増加率は年0.5％となるが，他の化石燃料に比べると減少は緩やかである（石油は年1％，石炭は年2.6％減少）。これは，発電において予測期間の前半で既存の石炭火力発電に代わるものとしてガス発電所が貢献している。その後，再生可能エネルギーの普及が拡大するにつれて電力部門全体で脱炭素化が進んでいくため，予測期間の後半には縮小している。

　パリ協定の長期目標を達成する観点からは，ガスが果たす役割は明らかではない。ガスが中長期的な優位性を確保するには，450シナリオが想定するようなガス発電システムに再生可能エネルギーを円滑に統合できるような技術が鍵となる。

❸　石　炭

　世界の石炭需要は2000年代に急速に増加してきているが，環境や健康への悪影響の懸念の中で2015年には減少に転じている（**図表1-8**）。2040年までの世界の石炭需要は，新政策シナリオでは年0.2％増加すると予測されている一方で，450シナリオでは年2.6％減少となっている。今後さらなる脱炭素化の動きが強まることを考えると石炭の需要回復を見込むことは難しい。

　石炭需要の見通しは地域によって大きく異なっている。エネルギー全体の需要が横ばい，または減少傾向にある先進国の中には，石炭からより低炭素なエ

図表1-8　世界の石炭需要のトレンドおよび将来シナリオと一次エネルギーに占める割合

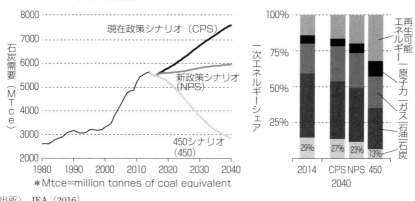

（出所）　IEA（2016）

ネルギーへの転換を大幅に進めていく国もあると予測されている。例えば，合計で現在の世界の石炭利用の約6分の1を占める欧州連合や米国では，気候変動政策の促進によって2040年までにそれぞれ60％以上，40％以上，石炭需要が低下するとみられている。また，カナダ政府や英国政府は2017年11月に開かれたCOP23の場において，石炭火力発電を早期に全廃し再生可能エネルギーへの移行を進める国際イニシアチブ「Powering Past Coal Alliance」を発足した[5]。これに先立って，2015年時点でカナダ全体の二酸化炭素排出量に占める割合が最大（38％）であるアルバータ州では，石炭火力発電事業者に対し補助金を支払うことで石炭火力発電所の稼働を完全に停止する方向で合意している。さらに，それらの発電設備を天然ガスや水力発電などのよりクリーンな発電に切り替えていくことも視野に入れている。こうした補助金の使用は炭素回収貯留（Carbon Capture and Storage：CCS）設備の追加導入に比べて10分の1の費用であることから，二酸化炭素排出量削減の観点からは非常に費用対効果が高いとしている。

こうした先進国の脱石炭化の動きに対して，発展途上国（特にインドや東南アジア諸国）では，エネルギー需要の急増に対応するために多様なエネルギー源を活用する必要がある。そのため，より低炭素なエネルギー源の導入を追求

したとしても，安価な燃料を選択肢から除外することは容易ではない。こうした国々が将来の石炭需要の増加要因になると考えられている。

4 再生可能エネルギー

　再生可能エネルギーは，パリ協定の長期目標を達成していくにあたり普及が欠かせない重要な要素となっている。先述の**図表1-5**にあるように，世界のエネルギー消費量に占める再生可能エネルギーの割合は2016年時点で3％程度であるが，世界の主要産業として期待が高まっており，近年多くの国・地域で利用拡大に取組んでいる。再生可能エネルギーへの投資は，「固定価格買取制度（Feed-in Tariff：FIT）」や「再生可能エネルギー導入量割当制度（Renewables Portfolio Standards：RPS）」などの再生可能エネルギー導入促進策によって，2000年代半ば以降に急速に普及が加速してきている。**図表1-9**は2000年以降の世界の再生可能エネルギーの発電量トレンドを示している。2000年時点では，水力発電とバイオエネルギーが大きな供給源であったが，風力や太陽光発電が特に増大してきていることがわかる。**図表1-10**は2015年時点の再生可能エネルギーのエネルギー源構成を示しているが，風力と太陽光で20％のシェアを占めている。

　このような普及の背景としては，設備のコストダウンが進み採算性が向上していることに加え，新興国（中国，インド，ブラジルなど）での需要が増加していることが考えられる。今後も，風力発電の普及は中国とEUが主導し，太陽光発電は中国，インド，米国によって普及が加速する。

　さらに，エネルギー効率の改善と再生可能エネルギー技術の開発が非常に重要な役割を果たす。再生可能エネルギーは，新政策シナリオ（2040年には5,170 GWに達する）で約60％の電力容量の追加を提供し，2030年までに最大の電力供給源となる。

　輸送において，新政策シナリオでは，再生可能エネルギーの割合は，現在の3％から2040年には7％に増加している。混合燃料はバイオ燃料の使用が2040年に4.2 mboe/dに達するのを助け，世界で販売される乗客乗用車は電気自動車（EV）であり，EVの約40％が再生可能である。

図表1-9　世界の再生可能エネルギー発電量の推移（2000年～2015年）

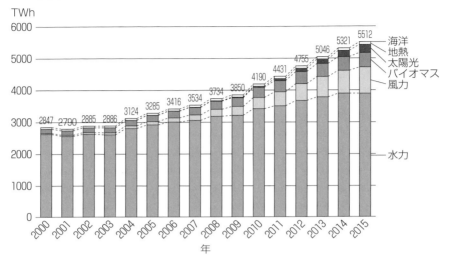

（出所）　International Renewable Energy Agency のデータより筆者作成

図表1-10　世界の再生可能エネルギー発電量におけるエネルギー源構成（2015年）

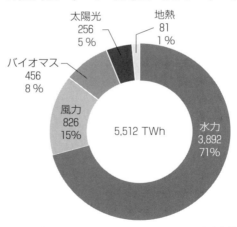

（出所）　International Renewable Energy Agency のデータより筆者作成

2℃の目標と一致する経路である450シナリオは，エネルギー部門の投資が再生可能エネルギーとエネルギー効率のバランスを変えるであろう。現代の再生可能エネルギーは，2040年の一次エネルギーの27％（今日の8％）を占め，エネルギー関連の二酸化炭素排出量は2020年にピークを迎えて減少している。IEAの再生可能エネルギーの見通しの高まりは，米国（税額控除の延長）と中国（2020年目標の改定）における主要な政策変更によって引き起こされる。450シナリオでは，再生可能エネルギーは2020年代初期の主要な供給源であり，2040年の全供給量のほぼ60％である。その中で再生可能エネルギーは，発電容量の最大供給源として石炭を追い越し，電力供給の第2位の供給源である。

再生可能エネルギーは熱と輸送に適度な貢献をしており，進歩は遅いものの，将来的にもこれらの分野では大きな可能性を秘めている。

熱に対する需要は，すべてのエネルギーサービスの中でも最大のものである。しかし，新政策シナリオでの強力な政策の欠如は，再生可能熱の割合が現在の9％から2040年には15％にしか増加しないことを意味している。450シナリオでは，（建築基準の厳格化の一環として）再生可能な供給義務は，2040年の水の加熱のための再生可能エネルギーに依存している。業界では，熱効率の向上により熱需要が削減され，意識・情報の向上，目標とされた財政的インセンティブ，炭素価格の向上が熱源としての再生可能エネルギーへの障壁を克服できるであろう。2040年までに，工業用熱利用の約20％は，バイオマスと電気に支えられた再生可能エネルギーからのものである。

輸送において，450シナリオでは，効率，排出基準，燃料切り替えに関する行動はすべて，輸送における石油の役割を（2040年には65％に）削減し，バイオ燃料と電力の合計シェア（約1/4）を向上させる。そして2040年までに，道路輸送は6.1 mboe/dのバイオ燃料を使用し，航空輸送は2 mboe/dを使用し，販売される乗用車の約半分はEVである。

5 まとめ

本章では，世界のエネルギー動向と今後の展望について述べた。1つのトレンドとして，より低炭素なエネルギーへの転換が動き始めている。しかし，そ

れだけではパリ協定の長期目標達成は困難であることも見てきた。将来的には，目標を達成するには，さらなる技術革新が不可欠となるであろう。今後さらに，エネルギー需要・消費の増加に伴い供給量も急速に増大する。

　世界のエネルギー需要は伸び続けているが，2040年になっても基本的なエネルギーサービスを受けられないまま何億もの人々が置き去りにされていることも忘れるべきでない。

　今後期待できることに技術の進歩がある。エネルギーは多様な技術があり，パリ協定の長期目標達成のためには，技術イノベーションが不可欠である。次世代エネルギーに関する最新のトレンドを紹介すると，すでに述べた再生可能エネルギーの普及加速，炭素回収貯留（Bio CCS），スマートグリッド，ディマンドレスポンスとエネルギー貯蔵，すべての最終消費部門における電化・効率化，特に電動モーターシステムの向上，例えば，自動車，扇風機，圧縮機，ポンプ，冷蔵庫が挙げられる。

■注
1　ネットゼロエミッションとは，人為的な温室効果ガスの排出量と人為的な吸収量（植林や炭素貯留などによる吸収）を等しくすることである。
2　この他にも，パリ協定の野心的な目標として掲げられている1.5℃未満に抑制させるための「1.5℃シナリオ」の予測も行っている。
3　一次エネルギーとは，化石燃料や自然エネルギー，原子力燃料など自然界に存在するままの状態で加工・変換などをせずに直接用いることで得られるエネルギーのことを指す。これに対し，それらを加工・変換して得られる電気，都市ガス，灯油，ガソリンなどのエネルギーを「二次エネルギー」という。
4　一方で，エネルギー部門における脱炭素化において，ガスは再生可能エネルギーと比べると非常に炭素集約的な資源である。また，生産過程で発生する温室効果が非常に高いメタンの漏れの程度に関する不確実性もあるため環境保護の観点からも不安が指摘されている。
5　2018年12月のCOP24までに参加機関を50以上に増やすことを目指しているが，2017年12月12日時点で中央政府や州政府，企業，非政府組織（NGO）など58の機関がすでに参加している。

■参考文献
Government of Alberta, "REVISED: Alberta announces coal transition action", 2016年11月24日
　　https://www.alberta.ca/release.cfm?xID=44889F421601C-0FF7-A694-74BB243C058EE588

（最終閲覧日：2017年12月19日）
GOV. UK, "Powering Past Coal Alliance declaration", 2017年11月16日
　　https://www.gov.uk/government/publications/powering-past-coal-alliance-declaration（最終閲覧日：2017年12月19日）
IEA (2016), World Energy Outlook 2016, IEA, Paris.
　　http://dx.doi.org/10.1787/weo-2016-en
IEA (2016), World Energy Statistics 2016, OECD Publishing, Paris.
　　http://dx.doi.org/10.1787/9789264263079-en
IRENA (2017), Renewable Energy Statistics 2017, The International Renewable Energy Agency, Abu Dhabi.
United Nations Framework Convention on Climate Change, "NDC Registry"
　　http://www4.unfccc.int/ndcregistry/Pages/Home.aspx（最終閲覧日：2017年12月16日）

第2章

環境・エネルギー政策の経済モデル

1 はじめに

　本章では環境・エネルギー政策の基本的な考え方を経済理論の視点から平易に解説する。2節では，市場均衡の意味と効率性およびその効率性が外部性によって損なわれること，外部性が存在するときに効率性を実現するために政策が必要であることを一般的な枠組みで論じる。そして環境問題を外部性の問題として規定し，最適な汚染水準を実現するための環境政策として価格規制と数量規制について説明する。3節では，環境政策の一例として再生可能エネルギー電力促進政策をとりあげ，価格規制に相当する固定価格買取制度（FIT），数量規制に相当する再生可能電力割当基準（RPS）の機能について説明した後に，不確実性または情報の非対称性が存在する場合，技術変化の可能性を考慮する場合における両者の比較を行う。

2 環境政策

 市場均衡

　経済学における基本概念である需要，供給，均衡とは何かについて説明する[1]。まず消費者の行動について考えてみよう。消費者が財（サービスなども含む）を購入するのは，それが消費者に何らかの便益[2]をもたらすからである。消費量を1単位増加させたときの追加的な便益を限界便益と呼ぶが，これは消費水準が大きくなるにつれて減少していくと考えられる。消費者が財の購入量

を決定する際には，追加的な1単位がもたらす便益である限界便益と費用である価格を比較し，限界便益のほうが高ければ消費を行うであろう。限界便益は減少していくため，限界便益が価格を初めて下回る消費水準が存在するが，ここで消費者は消費をストップすることになる。したがって，消費者の需要に関する意思決定は「価格＝限界便益」という関係によって決まる。消費者が与えられた価格に直面したとき，価格の関数として限界便益を描いた右下がりのグラフは需要曲線となる。以上より，財の需要曲線とは，消費者にとっての財の限界便益を表していることがわかる。

次に，生産者である企業の立場について考える。企業が生産活動を行う際には生産要素と呼ばれる労働や資本（機械設備），原料などが必要であり，費用を払ってそれらを購入することになる。ある一定の技術を持つ企業にとって，生産量がある程度大きい範囲では，財の生産を1単位増加させるのにかかる追加的費用は生産量の増加に伴って増加していく。この追加的費用を限界費用と呼ぶ。生産量を決定する際に，企業は1単位のもたらす限界収入，つまり価格と，限界費用を比較して，価格が限界費用を上回る範囲でのみ生産を増加させる。よって，企業の供給に関する意思決定は「価格＝限界費用」という関係によって決まる。価格の関数として限界費用を描いた右上がりのグラフは供給曲線となる。

通常，社会には多数の消費者，生産者が存在するが，個々の需要，供給の総和が社会全体の需要と供給となる。両者が一致する点が市場の均衡である。上述のとおり，財の需要曲線，供給曲線はそれぞれ財のもたらす限界便益と財の生産にかかる限界費用を示している。したがって需要曲線が供給曲線の上部に位置する場合，財の取引を増加させたほうが社会的に望ましく，逆の場合は取引を減少させるのが望ましい。両者が交わるところが社会の総利益を最大化する最適な取引量を与える。これは，価格メカニズムによって決定される市場均衡は最適な状態であることを示している。各消費者，生産者は自分にとって最適な決定をしているだけで，社会全体の厚生などに配慮しているわけではないが，価格メカニズムの働きにより全体として最適な決定がなされることになる。このような状況において，政府による規制は，意思決定のゆがみおよび非効率な状態を生み出すことになる。

外部性と市場の失敗

　しかし，均衡の効率性は必ず成り立つとは限らない。いまエネルギーという財を考えると，生産や消費に伴って汚染物質が排出されるなど，取引の目的とは異なる要因で社会の誰かに被害を与えることになる。このときエネルギー利用に伴う負の外部性[3]が存在するといい，被害を貨幣価値で表したものを外部費用と呼ぶ。

　負の外部性をもたらす財の最適な取引量を算定する際には，財がもたらす費用として，企業の生産費用以外に外部費用を考慮する必要がある。財の生産量が１単位増加することに伴う社会的総費用の増分を社会的限界費用と呼ぶとすると，最適な生産量は，条件「限界便益＝社会的限界費用」が成り立つ水準であり，これは外部費用が意識されない際に市場で実現される均衡に比べて低い生産量になる。このように均衡が社会的に最適な状態を与えない事実を外部性による「市場の失敗」と呼ぶ。この表現の背後には，元来市場は最適状態の実現に「成功」するものであるという前提がある。汚染による負の外部性に起因する市場の失敗が経済学的見地からの環境問題の原因であるといえる。

　逆に，ある財の生産に伴って社会に便益がもたらされるのに当事者がそれを意識せずに意思決定を行う場合，財の取引は過小になる。これは正の外部性による市場の失敗と呼ばれ，公共財などにみられる現象である。

　負の外部性による市場の失敗を**図表２－１**によって説明する。この図において，横軸は負の外部性をもたらす財の数量，縦軸は価格を表している。市場均衡は需要曲線と供給曲線の交点であり，価格，生産量の組合せ (p', q') である。一方で最適な状態は供給曲線の高さに限界外部費用を加えた社会的限界費用と需要曲線の交点である (p^*, q^*) となる。均衡において，財の生産量は過大，価格は過小となることが確認される。外部性の影響を評価するために，財の取引による総利益から外部費用を引いたものとして定義される社会厚生を比較してみよう。財の取引による利益は需要曲線と供給曲線とで囲まれる部分の面積，外部費用は社会的限界費用曲線と供給曲線とで囲まれる部分の面積である。均衡での厚生は a，b，c，d の面積の合計（利益）から c，d，e の面積（外部費用）を引いて結果的に a＋b－e となるのに対し，最適状態での厚生は a，b，c の面

図表2-1　負の外部性による市場の失敗

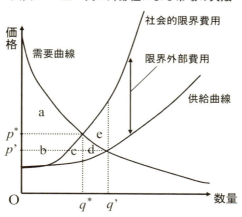

積の合計（利益）からcの面積（外部費用）を引いてa+bとなることから，外部性によってeの面積分の損失が生じることがわかる。

最適な汚染水準

　環境劣化による市場の失敗を是正するための政府の介入が環境政策である。いま人為的な活動で，結果的に環境劣化をもたらすものを「汚染」という表現で総称することにしよう。汚染の排出は便益をもたらすが，同時に費用を伴うものであり，他の経済活動と同じく排出を増加させることに伴うトレードオフが存在する。

　汚染排出の便益とは，汚染をもたらす財の生産・消費によって得られる社会的な便益から費用を引いたものを指す。汚染は生産活動の結果として付随的に出されるものであり，生産される財は価値を持つ。汚染排出の費用は汚染による外部費用（被害）を意味する。外部費用の貨幣価値による測定は容易ではなく，「環境評価」と呼ばれる1つの研究分野になっている。外部費用の基本的な考え方は，環境劣化を受け入れるために人がどの程度の金銭的補償を望むのかということである。

　社会的に最適な汚染の排出量は「排出の限界便益＝排出の限界費用」が成り立つ水準である。通常の場合，限界便益は排出量の減少関数であり，限界費用

は増加関数であることから，条件をみたす排出量が理論上存在する。より平易な表現でいえば，汚染排出には良い側面と悪い側面があり，限界便益が良い側面の増分，限界費用が悪い側面の増分を示している。したがって限界便益が限界費用を上回っている限りは排出を増加させたほうがよく，その関係が逆転した場合は排出を減少させたほうがよい。両者が一致するところが効率的となるのである。

以上の議論と，❷で登場した**図表2－1**との関連について説明を加えておく。図表2－1の横軸は生産量を示しているが，生産量と汚染の水準との間に正の相関が存在するのであれば，軸のスケールを調整することにより横軸が汚染の排出量を示しているとみなすことができる。ある汚染水準における汚染の限界便益とは，その汚染水準に対応した需要曲線と供給曲線との垂直距離で表され，汚染の限界費用とは，社会的限界費用と供給曲線との垂直距離で表される。したがって両者が等しいのは，需要曲線と社会的限界費用曲線が交わる点，つまり図表2－1の (p^*, q^*) ということになる。

次に排出の削減という観点から考えてみよう。削減の便益とは排出を減らすことによって回避される外部費用のことである。また削減の費用とは削減することにより失われる便益であり，厳密には汚染削減に向けられた資源が他の用途で最大限有効利用された場合に得られたであろう便益である。先述のとおり，排出の限界便益は汚染の排出量を1単位増やしたときの利益の増分を意味するので，汚染を1単位減らしたときの利益の減少分，つまり削減の限界費用とみなすことができる。よって最適化の条件は「限界削減費用＝限界外部費用」とも表される。

図表2－2には排出量に依存して決まる限界削減費用（MAC）および限界外部費用（MEC）が表されている。何も規制がないときの生産者による排出量は限界便益（＝限界削減費用）がゼロとなる e_0 であり，最適な排出量は上述の条件を満たす e^* である。排出量 e_0 を基準として，排出量 e^* を削減量 $e_0 - e^*$ と読み替えてもよい。e^* においては外部費用（Aの面積），総削減費用（Bの面積）の和が最小になる。便益－外部費用はC＋Dの面積になり，こちらが最大化されているという理解も可能である。

第2章　環境・エネルギー政策の経済モデル

図表 2-2　最適な排出量

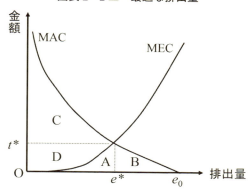

4　価格規制と数量規制

　以下では，汚染を排出する企業と，企業を規制し社会的最適を導くことを目標とする政府が存在する状況のもとで環境政策について論じる。社会的に最適な排出量を実現するための政策は大まかに価格規制と数量規制に分けられる。

　価格規制の一例としてピグー税を紹介する。これは最適な排出水準（ ❸ で説明したe^*）における限界削減費用（＝限界外部費用）を排出量1単位当たりの税金として課す政策である。生産活動において環境を利用する主体が支払いをしなければならなくなるので，ピグー税を課すことは，環境に価格づけをしていることに相当する。

　ピグー税に直面した企業は限界削減費用が税率と等しくなるような排出量を合理的に選択することになる。なぜならばそれ以外の排出水準の場合，排出量を変更することによって利潤を増加させる余地があるからである。限界削減費用が税率と等しくなる排出量をeとおくと，eよりも小さい排出水準においては，排出の限界便益（＝限界削減費用）がピグー税率，つまり排出に伴う追加的な税支払いを上回るので，企業は排出量を増加させることによって利潤を高めることができる。またeより大きい排出水準においては，税率が限界削減費用を上回るので企業は排出量を減少させることで削減費用よりも高い税の支払いを回避し利潤を高めることができる。

したがって課すべきピグー税の税率は最適排出水準e^*に対応する限界削減費用t^*である（図表2-2参照）。ここで税率t^*に直面した企業は，誰かから強制されるのではなく，自らの合理的行動の結果としてe^*を選択することが注目される。

税金の代わりに，ある基準排出量からの削減量をもとに削減1単位当たり一定の補助金を企業に与えるという政策も考えられる。これはピグー補助金政策と呼ばれる。ピグー税とピグー補助金はどちらも汚染削減へのインセンティブを与える。なぜなら，補助金政策の下で汚染の排出量を増やした企業はその増加分に相当する補助金がもらえないということになり，汚染1単位当たり補助金率に等しい費用（利益の損失）をこうむることになるからである。もっとも，両政策における企業の利潤を比較すると，補助金政策のほうが税政策よりもはるかに高いことから，税政策は企業からの反発を招きやすい。

次に数量規制とは，企業に汚染の排出上限を設ける形の規制である。従来，公害問題の解決に用いられてきた直接規制は数量規制の一例である。複数の企業の総排出量を決定したうえで排出権を配分して企業同士での排出権の取引を認める排出量取引も数量規制の一種である。多くの場合，数量規制に違反した企業は巨額の罰金や操業停止などの重いペナルティを課されることになり，これが汚染削減へのインセンティブとなる。排出上限eが規定された数量規制に直面した企業にとって，eを上回る排出に伴う限界便益は事実上ゼロといってよいので，必然的に排出量eを選択することになる。したがって最適排出水準e^*を上限として設定することによって，政府は政策目的を果たすことができる。

3 再生可能エネルギー利用促進政策

再生可能エネルギー利用に関する市場の失敗と政策

再生可能エネルギーとは，太陽光，風力，水力，地熱，バイオマスなど，枯渇せず利用速度が再生速度を上回らない再生可能資源を用いて得られるエネルギーのことを指す。再生可能エネルギーの利用は枯渇性資源欠乏問題の解決，気候変動防止，新産業創出など正の外部性を与えるため，2節での議論により

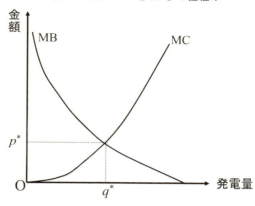

図表 2-3　FIT と RPS の仕組み

取引は過小となる。

　図表 2-3の横軸は再生可能エネルギー源（renewable energy source：以下 RES と記す）による発電量，縦軸は各種金額を表している。RES を用いた発電は電気事業者にとって追加的な費用負担を及ぼすが，同時に大気汚染や気候変動などのリスクが抑えられるなどの便益を社会にもたらす。RES による発電を 1 単位増加させたときに電気事業者が負担する追加的な費用が図の MC であり，また社会にもたらされる追加的な便益が MB である。限界費用と限界便益が等しくなる発電量 q^* が最適であるが，促進政策が行われない場合は電気事業者が MB を意識しないため，費用のみがかかる RES による発電は自発的に行われない。以上が再生可能エネルギーに関する市場の失敗である。

　RES による発電を普及させるための代表的な政策で日本において施行されたものとして，固定価格買取制度（feed-in-tariff：以下 FIT と記す），再生可能エネルギー利用割当水準（renewable portfolio standard：以下 RPS と記す）を紹介する。

　FIT は再生可能エネルギーを用いて発電された電気を電力会社等が一定期間法律で定められた価格で買い取ることを義務づける政策であり，日本では「電気事業者による再生可能エネルギー電気の調達に関する特別措置法」という法律がもとになって2012年に施行された。これは環境保全に貢献する再生可能エ

ネルギー利用という行為に対する補助金政策とみなすことができる。電力会社が支払う費用は最終的には電気料金の値上げにより消費者が負担することになる。

RPS は電気事業者に対し，一定割合以上の再生可能エネルギーによる発電を義務づける制度であり，日本では「電気事業者による新エネルギー等の利用に関する特別措置法」がもとになって2003年に施行されたが，FIT の施行により事実上廃止された。この政策はまさに再生可能エネルギーの使用量についての直接的な数量規制であると考えられる。

 政策の比較 1：情報の非対称性の影響

FIT と RPS は不確実性や情報の非対称性が存在しない状況においては短期的に同じ政策効果をもたらす。**図表 2 - 3**における p^* を固定買取価格として指定することによって RES による発電量 q^* を誘導する政策が FIT であり，q^* を直接的に指定する政策が RPS である。つまり両者は図表 2 - 3 の同じ点をそれぞれ縦軸方向と横軸方向から実現しようとしているのであり，同一の効果をもたらすことは明らかである。

しかし，これは RES による発電がもたらす便益や費用に関するすべての情報が政府にとって既知である場合にのみ成り立つ事実であり，情報の非対称性が存在する場合は 2 種類の政策の効率性には差異が生じることになる[4]。情報の非対称性下または不確実性下での数量規制と価格規制との比較は，一般的な枠組みのもとで Weitzman（1974）に始まる数多くの文献の中で論じられている。

図表を用いてこのことを詳しく説明してみよう。**図表 2 - 4**，**図表 2 - 5**はどちらも政府が RES 利用の限界費用 MC の形状について誤って実際よりも低い MC' であると認識している状況での政策の影響を示しているが，MB の形状が異なり，図表 2 - 4 では MC の傾きが MB よりも大きいが，図表 2 - 5 では MB の傾きが MC よりも大きいことが仮定されている。なお電気事業者は正しい MC を把握しており，それをもとに意思決定を行うことが仮定される。つまりここでの情報の非対称性は，政府の把握する MC と事業者の把握する MC の間に差異が存在することを意味している。

FIT のもとで政府は，固定買取価格として p^* ではなく MB と MC' の交点に

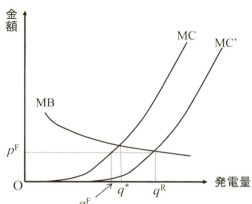

図表2-4　情報の非対称性の影響（MBの傾きが緩やかな場合）

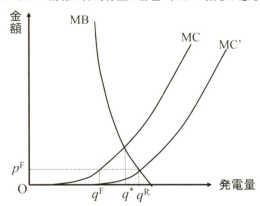

図表2-5　情報の非対称性の影響（MBの傾きが急な場合）

相当する p^F を設定してしまう。それに反応して電気事業者は MC が p^F に等しくなる発電量 q^F を選択するが，価格が低いために発電量は最適な水準 q^* よりも過少となる。一方 RPS のもとでは，政府は RES による発電義務量として MB と MC' の交点に相当する q^R を設定する。これは最適水準よりも過大となる。どちらの政策も非効率を招くことになるが，図表2-4のような場合においては，q^F のほうが q^R よりも q^* に近く，FIT のほうが RPS よりも効率的な結果を

導くのに対し，図表 2-5 のような場合においては逆に q^R のほうが q^F よりも q^* に近く，RPS のほうが効率的である。

なお，詳細は省略するが，限界費用に関する情報の非対称性が存在せず，限界便益に関する不確実性が存在する場合には，FIT と RPS は（非効率であるが）同じ結果を導き，したがって両者の効率性の間に差異はみられない（栗山・馬奈木，2016：115）。もちろんこれは限界便益に関する不確実性が重要でないということではなく，価格規制と数量規制の相対的優劣を論じる際に限界便益の不確実性は影響をもたらさないということを意味している。

上記の理論的帰結が生じる理由は以下のように説明される。MC に関する情報の非対称性が存在して価格規制が施行される場合，政府の情報不足によって，設定される買取価格水準が最適なものと乖離するが，MB が水平に近いならば最適な価格水準はつねに一定に近く，乖離はそれほど大きいものではない。逆に MB が垂直に近いならば大きな乖離が生じてしまう可能性がある。数量規制が施行される場合はその逆となり，MB が水平に近い場合は設定される発電量の水準が最適なものと大きく乖離するのに対し，MB が垂直に近い場合は最適な発電量がつねに一定に近いため乖離はそれほど大きくない。また MC に関する情報の非対称性がなく MB に関する不確実性だけが存在する場合には，政府，電気事業者ともに不確実性を同様に認識しているため，数量規制と価格規制はともに同じ結果を導くことになる。

以上の主要部分をまとめると，次のようになる。限界費用に関する情報の非対称性が存在する場合，FIT と RPS の効率性は限界便益と限界費用の相対的な傾きの大きさに依存し，限界削減費用曲線の傾きのほうが大きいときは FIT のほうが望ましく，限界便益曲線の傾きのほうが大きいときは RPS のほうが望ましい。

炭素などの排出に伴う地球温暖化問題への解決策としての再生可能エネルギー促進政策を評価する場合，限界便益とは RES による発電を 1 単位増加させて炭素排出を減少させることによって回避される気候変動の外部費用のことを指すが，気候変動は炭素の排出量よりもその大気中の蓄積量に依存して決まるものである。したがって限界便益は排出量の多少にかかわらずほぼ一定で MB は水平に近いものと考えられ（Hanley et al. 2007：165，栗山・馬奈木

2016：114），FIT のほうが有効な政策手段であるということになる。宮本・竹内（2013：80）にも同様の記述がなされている。

政策の比較２：費用削減へのインセンティブ

次に，動学的効率性，つまり電気事業者に与えられる費用低減へのインセンティブという観点から FIT と RPS の評価を行う[5]。技術開発によって RES による発電を行う費用が減少すれば電気事業者にとって利益を増加させることができる。その利益が高ければ高いほど，費用低減を実現するための投資費用を上回る可能性が高くなり，技術開発へのインセンティブが増すことになるが，一般的には FIT のほうが RPS よりも高いインセンティブを与えると判断される。このことを図表により説明したい。

図表２-６には図表２-３と同じ形状の MB，MC が描かれている。電気事業者の利潤は電力売却による収入から費用を引いた Ap^*O の部分の面積となる。ここである電気事業者が技術開発に成功し，RES による発電の費用を MC_1 に下げることができたとする。FIT のもとでは短期的に買取価格 p^* は変わらないので事業者の選択する発電量は q_1 となり，発電によって得られる利潤は p^*OC の部分の面積になることから，費用低減による利益は p^*OC の面積から Ap^*O の面積を引いた AOC の部分の面積となる。

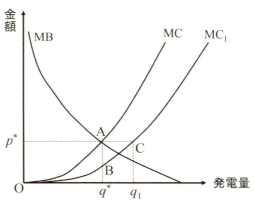

図表２-６　費用削減へのインセンティブ

RPSのもとでは，発電量 q^* が指定されているので，技術変化後も事業者は q^* を選択することになる。新しい限界費用曲線 MC_1 のもとでは利潤は Ap^*OB の部分の面積となるので，この場合の費用低減による利益は AOB の部分の面積となる。

以上の分析によって FIT が RPS よりも高いインセンティブを与えることが示される。この理由としては，価格規制において固定価格を設定することは電気事業者に補助金を与えることに相当するので，限界費用の低減は事業者に費用節減だけでなく，発電量の増加によって補助金を多く受け取ることができるというメリットも与えるのに対し，数量規制の場合は決まった発電量を実現するための費用節減というメリットしかもたらさないことが考えられる。

4 まとめ

本章では，前半において経済学の基本的事項である市場均衡の効率性と外部性による市場の失敗を簡単に説明した後に，外部性を是正するための政策の必要性を強調した。次に，負の外部性の典型例である環境問題に焦点をあて，汚染排出の費用と便益に基づく最適な汚染水準の導出と，それを実現するための環境政策が大まかに価格規制と数量規制の2種類に分類されることを説明した。

後半では，環境政策の一例として再生可能エネルギー電力促進政策をとりあげ，価格規制に相当する固定価格買取制度（FIT），数量規制に相当する再生可能電力割当基準（RPS）を紹介した後に，情報の非対称性が存在する場合，動学的効率性を考慮する場合における両者の比較を行い，いずれの考察においても FIT のほうが効率性の点で優れている可能性が高いことが示唆された。もっとも，これは単純な理論による帰結であり，実際にどちらの政策が優位であるかを判断するには長期間にわたって蓄積されたデータによる慎重な実証分析が必要である。朝野（2011）は，さまざまなデータをもとに，政府の認識不足により限界外部費用よりもはるかに高い FIT の買取価格が設定されていることの弊害について警鐘を鳴らしている。再生可能エネルギー促進政策の導入にあたっては，政府が十分な情報を保有していることが大前提となることに注

意しなければならない。

■ 注

1 本節の内容は Fujita（2016）に基づく。
2 支払い意思額（WTP）とも呼ばれ，貨幣価値で測定される。
3 負の外部性は外部不経済とも呼ばれる。さらに，後述の正の外部性に関しては，外部経済とも呼ばれる。
4 取引を行う経済主体間で保有する情報に差があるとき，情報の非対称性が存在するという。これも市場の失敗を導く要因の1つである。
5 ここでの議論は Menanteau et al.（2003），堀・黒沢（2016：131）に基づく。

■ 参考文献

Fujita, T. (2016), Basics in Environmental Economics and Environmental Policies. in T. Shimaoka et al. (eds.), *Basic Studies in Environmental Knowledge, Technology, Evaluation, and Strategy: Introduction to East Asia Environmental Studies*, Tokyo: Springer, 197-212.
Hanley, N., J.F. Shogren, and B. White (2007), *Environmental Economics: In Theory and Practice*, 2nd Edition, Basingstoke: Palgrave Macmillan.
Menanteau, P., D. Finon, and M.-L. Lamy (2003), Prices versus Quantities: Choosing Policies for Promoting the Development of Renewable Energy. *Energy Policy* 31(8): 799-812.
Weitzman, M.L. (1974), Prices vs Quantities. *Review of Economic Studies* 41(4): 477-491.
朝野賢司（2011）『再生可能エネルギー政策論　買取制度の落とし穴』エネルギーフォーラム。
栗山浩一・馬奈木俊介（2016）『環境経済学をつかむ（第3版）』有斐閣。
堀史郎・黒沢厚志（2016）『ニュースが面白くなるエネルギーの読み方』共立出版。
宮本舞・竹内憲司（2013）「再生可能エネルギー普及のための経済的インセンティブ」『国民経済雑誌』207(5)：73-85。

第3章 エネルギーミックス

1 はじめに

　エネルギーミックス（energy mix）とは，ある地域におけるエネルギー需要を満たすために使用されるさまざまな一次エネルギーの組み合わせと量を指す。日本でこの言葉が使われたのは，近年からであり，その場合一次エネルギー供給全体についてではなく，電力需要に対する電源構成を指すことが多い。

　本章では，まず前者の一次エネルギーの組み合わせという解釈にポイントを置きながら，後者の電力構成についても触れ，エネルギーミックスの在り方についてエネルギー技術および現状の主要国のエネルギー政策の面から展望を行う。展望の視点として，エネルギー需給における3つの課題，安定的供給，経済性，環境問題（大気汚染，地球温暖化）を置く。特に近年，地球温暖化問題への対応の必要性は世界的な合意事項となっており，温室効果ガスの排出を大きく削減できる技術であるかどうかが，技術選択の大きなポイントの1つとなる。

2 現在のエネルギーミックスと現行の政策の延長にあるエネルギーミックス

 世界

　世界のエネルギー消費に関しては，現状と将来予測についてエネルギーバランスの形でIEAにおいてまとめられている（IEA, 2016）。**図表3-1**，**図表3-2**

第3章 エネルギーミックス

図表3-1 世界のエネルギー消費

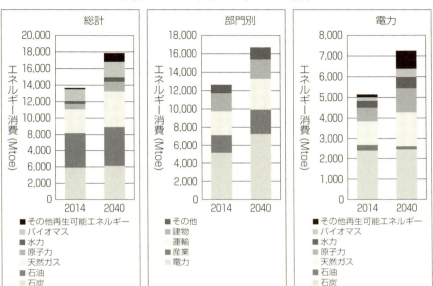

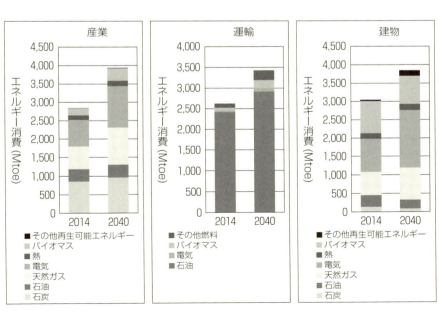

（出所） IEA, World Energy Outlook 2016

図表3-2　日本のエネルギー消費

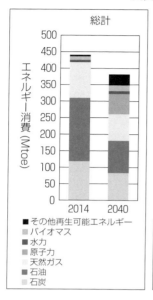
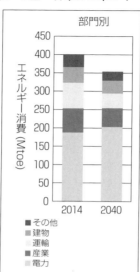
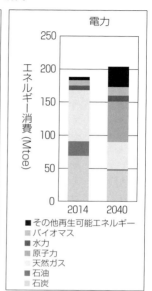
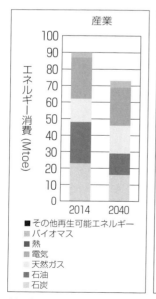
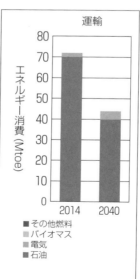
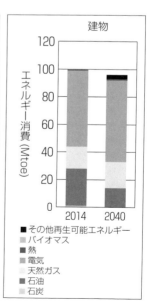

（出所）　IEA, World Energy Outlook 2016

はエネルギーバランスの表から作成した現状と将来の世界と日本のエネルギー需給についてまとめたものである。

　まず世界の現在の需給について見ると，供給は一次エネルギーについては化石燃料が大半である。化石燃料の大半は燃焼を通じて利用されるため，これがCO_2発生の最大の原因となっていることは言うまでもない。一次エネルギーのうち40％程度は二次エネルギーである電気に変換される。現在のエネルギーシステムの特徴は，電力がきれいで使い勝手のよい二次エネルギーとして大きな役割を果たしていることであり，今後も電気利用機器の増加に伴って，需要の増加が予想される。その一方，便利な電力を得るために多くのエネルギーの損失が発生している。化石燃料を利用する場合，発電効率は38％程度なので，半分以上を失っていることになる。電力生産のための主な一次エネルギーは化石燃料なので，人々は電力消費を通じても多くのCO_2を発生させていることになる。

　運輸部門では石油に90％以上を依存しており，その次に多い天然ガスやLPガスを加えると大半を化石燃料に依存していることになる。現在バガスやトウモロコシ等のバイオマスから製造されたエタノールが3％程度を占めており，特にブラジルでは大きな割合となっている。電気自動車の普及率はまだわずかである。建物部門では，現在でも世界全体では薪などのバイオマスが最も多くのエネルギーを供給している。これは主に途上国における厨房での利用であり，室内の空気汚染の大きな原因となり，大きな健康被害をもたらしている。先進国では，厨房用としては，（使用場所で有害物が発生しないという意味で）きれいな都市ガス（主に天然ガス）か電気が主に使われている。次に照明や冷房などのための電気，次いで暖房利用のための天然ガス，石油，石炭が使われている。産業については，モーターなどの動力に電気，ボイラーなど熱供給に，石炭，天然ガスが多く使われている。また，鉄鋼やセメントなどの製造プロセスで石炭が多く利用されている。

　2040年の将来での一次エネルギー需給での大きな変化は，世界の経済成長と人口増加を背景とした全体でのエネルギー需要の増加とその中での再生可能エネルギーと天然ガスの割合の増加となる。これは再生可能エネルギーでは技術進歩，天然ガスについてはシェールガス開発による低コスト化（IEA, 2017）と，よりクリーンなエネルギーへの需要を背景としている。部門別では電力需要の

大幅な増加が特徴となる。これは経済成長自体が電気製品の利用を促し，電力需要の割合を押し上げる効果があることによる。さらに，冷暖房におけるヒートポンプや産業の電動化，自動車の電動化等の影響も考えられる。

 日本

日本の現状の一次エネルギー消費の構成比率では，化石燃料の割合が9割と非常に大きいことが特徴である。これは，福島第一原子力発電所の事故により，現在ほとんどの原子力発電所が休止していることが大きな理由として挙げられる。部門別では，一次エネルギー消費において電力の占める割合が4割を超えており，電化が進みつつある先進国の中でも比較的高い。これは，北米等と比べて運輸部門のエネルギー消費が少ないこと（年間走行距離の短さ，燃費の良さによる），気候的に欧州等と比べて建物部門の化石燃料による暖房のエネルギー消費が少ないこと等が理由として考えられる。建物部門における特徴は，電力消費の割合の高さによく表れている。

2040年の将来の一次エネルギー消費の特徴は，まず需要が大きく減少することである。これは主に人口減少の影響と次に省エネの進展の影響である。一次エネルギー消費の内訳の特徴は電力の割合の増加である。エネルギー全体での需要が減少する中で，電力需要だけ絶対値においても減少せず増加すると予想されている。これは，すべての部門における電化の推進，具体的には産業，および建物部門におけるヒートポンプ利用の拡大，運輸部門におけるEV（電気自動車）やPHEV（プラグイン・ハイブリッド電気自動車）の普及が要因である。

このような理由により拡大する電力需要に対して，供給側の技術・燃料の予想は難しい。再生可能エネルギーの割合の増加はある程度確度が高いと考えられるが，原子力発電がどの程度再開されるかについては，社会的受容性の問題もあって，不確実性が大きいと考えらえる。IEAの予測では，原子力が電力の3割程度を賄っており，大きな割合を占めている。火力発電についても先進国では石炭火力の割合が低下する中で，過去20年間で増加したコストの安い石炭火力が，温暖化対策の重要性が高まる中，今後どの程度シェアを占めるかの予想についても議論があろう。

3 | 将来のエネルギー技術の進展とエネルギーミックス

 発電部門

① 再生可能エネルギーの大幅普及と限界

　発電部門は再生可能エネルギーの活用が鍵となる。再生可能エネルギーについては，近年太陽光発電と風力発電の普及が目覚ましい。風力発電はもともと立地次第で化石燃料発電に近いレベルまでコストが下がっていたが，近年は太陽光発電もシステム価格が大きく下がってきており（**図表3-3**），やはり立地によるが単純な発電単価で風力と同程度になってきている。太陽光発電に関しては，今後も発電を行うセルを中心に技術革新が期待できる（IEA, 2017）。

　しかしながら，これらは天候次第の不安定電源であり，計画や受容に応じて発電できる電源と同列に扱うことはできない。系統電力は需要と供給が同時同量である必要があり，不安定電源の割合が増すと周波数の乱れ等の電力の品質

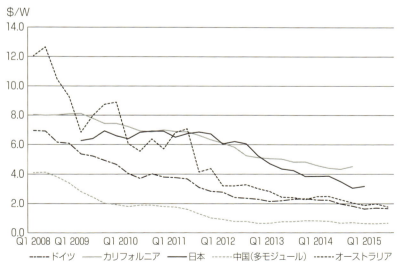

図表3-3　太陽光発電設備コストの推移

（出所）Bloomberg New Energy Finance "Q4 2015 PV Market Outlook" を基に九州大学作成

に影響を及ぼす可能性が高まるため，通常の系統連系の安全対策を行うために必要な解列を行う設備等の他，バックアップのための電源の確保など費用がかかる。いずれにせよ，現在日本ではいくつかの電力会社がすでに大型の再生可能エネルギー起源の発電について系統電力への新たな接続の保留を表明しているように，現状の電力網，送配電設備を基礎にしているかぎり，再生可能エネルギーの系統電力への受け入れには限界がある。

　さらに，今後現状の受け入れの限界を超えて，再生可能エネルギーの系統電力への接続を大きく拡大するとなると，電力システムとしては，①蓄電設備の拡大，②水素の利用普及（貯蔵できる二次エネルギー），③バックアップ電源の追加的導入が考えられる。
　①蓄電設備の拡大については，現在は実質的には蓄電設備は揚水発電だけであり，これの利活用を進める一方，二次電池を適地に導入していくことが必要になる。二次電池については，現在は体積エネルギー密度，および出力エネルギー密度に優れたリチウムイオン電池の普及が進んでいるが，電力貯蔵のためにはまだまだ高価であるため，空気電池の開発といった技術革新が必要である。また，化学的二次電池以外に，圧縮空気電池（Compressed air energy storage：CAES）や，フライホイールといった別の大型蓄電設備を利用することも考えられる。
　②水素の利用普及については，水電解によって電気から水素製造を行い燃料電池により水素から発電できることから，電力の貯蔵の目的も兼ねるという点で①と重なる面があるが，それ以外の目的として，電気と親和性があり，輸送・貯蔵可能な新たな二次エネルギーとしての水素の利用方法，例えば燃料電池自動車（Fuel Cell Vehicle：FCV）燃料，コジェネレーション燃料，暖房燃料を普及促進することにより，電気と水素を統合した二次エネルギーシステムを構築し，再生可能エネルギーの導入量を増やすといった方向が考えられる。
　③バックアップ電源の追加的導入については，比較的立ち上がりの速いクリーンな天然ガス火力を中心に，稼働率の低い運用となることを承知のうえで，設備を追加的に導入していくといった考え方である。
　これら3つの方法については，すべての導入の前提として太陽光発電・風力

発電の変動予測の向上や，それとともに需要側で変動に対応していく方法（Demand Response：DR）を利用していくことが考えられる。また，それぞれは，単独で行うといったものではなく，併用していくことが考えられる。

② 将来への長期的つなぎの発電システムの導入

　分散型の電源である太陽光発電と風力発電の大幅な導入が進むにしても，数多くの設備を導入しなければならないことから導入速度には限界があり，前述したように電力システム全体での対応の必要性もあるため，低炭素化に対応した，大規模集中型の電源の導入・維持の必要性も考えられる。低炭素大規模電源の中心となるのは原子力発電か，化石燃料火力発電との二酸化炭素回収貯留（Carbon dioxide Capture & Storage：CCS）の組み合わせである。先進国では安全性への懸念あるいは安全性向上のためのコスト増によって原子力発電の導入は停滞あるいは減少しているが，電力需要の大きな伸びが見込まれる中進国，途上国では原子力発電の導入が増加する可能性がある。また，火力発電とCCSの組み合わせもシステムを構成する技術は実績があるものであるから，現状的な選択肢と考えられる。これらの技術は，今世紀というスパンでは最終的につなぎの技術となると考えられるが，全世界において温暖化対策が喫緊課題であることを考えると，今世紀前半，中盤で大きな役割を果たす可能性がある。

❷ 運輸部門

① EVの普及，バイオ燃料の普及，FCVの普及

　運輸部門は世界では30％程度のエネルギーを消費しており，そのほとんどを石油燃料に頼っている。運輸部門のエネルギー消費の大半を占める自動車に関するエネルギー技術の基本的な発展の方向は電動化である。電気を使ってモーターを回し車輪を駆動させるという方法は，内燃機関で直接車輪を駆動させる方法に比べ，特に低速域で圧倒的にエネルギー効率が高い。ハイブリッド自動車が従来ガソリン車に比べて同じ燃料を使うにもかかわらず燃費が良いのはこの点によるところが大きい。

　ただし，モーターに電気を供給する方法については，技術の発展によって異なってくる。最も単純なのは二次電池を使う方法であるが，充電時間が長いこ

と，航続距離が短いこと等，現在のところこれまでのガソリン車と同じようには使用できない。もう1つの方法は，水素燃料を使い燃料電池で発電し電気を供給する方法で，燃料電池自動車（FCV）と呼ばれている。FCVは使い勝手の面では現在の自動車と同じような使い方ができるが，水素供給のためのインフラを整備する必要があり，この点が大きな課題となっている。

燃料の低炭素化という点では，EVで使用される系統電力もFCVで使用される水素も，製造に使用される一次エネルギー次第であり，再生可能エネルギーか化石燃料＋CCS，原子力等の低炭素の一次エネルギーより製造される必要がある。現在の系統電力の低炭素化に関しては，国によって大きく異なり，水力発電の割合の大きいノルウェーやブラジルでは非常に低炭素でありEVは非常にクリーンと言えるが，中国などの石炭の割合の大きい国では全くそうでなく，ハイブリッド車と比較してEVを使用するとかえってCO_2の排出を増加させるということにもなる（IEA, 2017）。電動化という方向に関わりなく，燃料の低炭素化についてはバイオ燃料も選択肢として存在するが，バイオ燃料の原料となる植物等の生産やバイオ燃料の製造過程で化石燃料が多く使用されるため，ライフサイクルアセスメントの観点からはCO_2の発生はそれほど多く減らない（IEA, 2017）。

社会のエネルギーシステム全体を考えるとき，運輸部門の電動化は発電部門の低炭素化対応，供給容量の増加といった発電インフラの整備と大きく関わってくる。低炭素化に加えて，単純に運輸部門における電力使用の増加のための発電容量の増加，夕刻等における大量のEVの充電開始による短時間での需要増への対応など，長期的あるいは年単位での対応が必要であろう。さらに，風力・太陽光発電の増加が進むと，その対応としてEVにおける夜間の充電調節や水素製造のための水電解の調節といった時間単位での対応を行うための社会的なシステム整備の必要性も考えられる。そのための発電基盤と自動車燃料供給基盤との情報のやりとりのためのITCの活用も重要となる。

建物部門（民生・業務部門）

① 省エネ

建物部門は主に熱を利用するためにガスや石油製品を使用してCO_2を直接

排出する一方，電気を消費して発電所から間接的に CO_2 を排出している。ここでは，まず省エネが依然として重要な課題である。省エネは大きくエネルギー使用機器の省エネ，建物の省エネ（断熱の向上）に分かれる。前者は機器の技術開発と，その普及が課題であるが，熱利用機器に関してはすでにある程度成熟しており潜熱回収等以外は普及改善の余地が少ないと考えられる。ただし，電気を利用して熱を供給する技術に関してはヒートポンプ技術の今後の更なる進歩が期待される。機器の普及に関しては国によって大きな差があり，日本では比較的高効率なエネルギー機器の普及が早いが，エネルギー価格が低い国においてはまだまだ普及していないところもある。一方，建物の省エネは，寒冷な地域では断熱化が進展しているが，温暖な地域ではまだまだである。この点に関しては，日本でも改善の余地が大きいと考えられる。

② 電化の推進，低炭素燃料の使用

　建物におけるエネルギーの低炭素化の方向性の1つとして，電化の推進が挙げられる。建物での CO_2 の排出は主に化石燃料を燃焼して熱利用を行うためなので，電気を使って熱を供給できれば建物から CO_2 の排出を大きく減らすことができる。ヒートポンプ技術は代表的な熱供給技術であり，調理分野ではIH技術も利用できる。これらは，現在すでにある程度普及しているオール電化住宅で使われている技術である。建物で化石燃料の代わりに電気を使うことにより電気需要が増加し発電所からの CO_2 の排出が増える可能性があるが，EVの場合と同じように，発電部門の低炭素化がすすめば，発電量が増えても CO_2 排出量は減少する。

　もう1つの方向として，水素等の低炭素燃料を利用した熱供給である。水素を燃焼させて使うことにより比較的高い温度の熱が利用でき，また燃料電池で利用することにより熱と電気の両方を供給することができる。二次エネルギーである水素自体の低炭素化は，先に述べたように一次エネルギー次第だが再生可能エネルギーから製造された水素の利用により，エネルギーシステム全体での低炭素化を進めることができる。水素燃焼して熱利用する技術は，現在でも利用可能であり水素を利用するボイラーはすでに市場に存在し，また水素を利用する調理機器も一部ではあるが利用されている。イギリスでは地域でパイプ

ラインにより水素供給を行う水素暖房の実証事業も行われている（Staffell and Dodds ed., 2014）。

4 産業部門

産業部門では一般的に動力等に電気を使用する他，様々な熱を利用するために，石炭，天然ガス，石油製品等をボイラー使用して CO_2 を直接排出する。さらに，産業の種別の特有のプロセスでは化石燃料を利用し多くの CO_2 を排出している。いくつかの CO_2 の排出量の多い産業は，このような特有の高 CO_2 排出製造プロセスを有する。例えば，鉄鋼産業では製鉄特に鉄鉱石の還元プロセスで大量の石炭を消費し，セメントではクリンカ焼成プロセスにおいて石炭，重油，天然ガスを使用している。

産業部門の温室効果ガスの排出削減を行うためには，排熱の利用等による省エネに加えて，建物部門と同じように熱供給におけるヒートポンプの利用等による電化の推進や，さらに高温の熱に関しては水素燃焼技術の利用などが考えられる。省エネに関しては，日本のセメント工場ではかなり徹底した省エネが行われているが，海外ではまだまだの地域も多く，生産量当たりのエネルギー原単位ではまだ2倍以上の差がある国が多い（IEA, 2017）。つまり，その分だけ省エネによる CO_2 の排出削減の余地があるということになる。製鉄などの特有の多くの CO_2 が発生する製造プロセスについては，鉄鉱石の水素還元などの革新的技術の開発と適用が必要となるが，それができない場合は，大きな排出源に関しては CCS を実施していく以外は大幅な排出削減が難しいことも考えられる。

5 エネルギーシステム

現在のエネルギー社会は化石燃料を一次エネルギーとすると，二次エネルギーである電気と，一・五次エネルギーとも言うべき石油製品がエネルギー利用の利便性を支えている。将来のエネルギーシステムにおいては，不安定な再生可能エネルギー起源の電力供給が増えるため，電力貯蔵の必要性が高まり，現在の二次エネルギーの主役である電気以外に，他の二次エネルギーとして電気より優れた貯蔵性や輸送性を兼ね備えた水素やメタン，メタノール等が利用

第3章 エネルギーミックス

図表3-4 将来のエネルギー社会の例

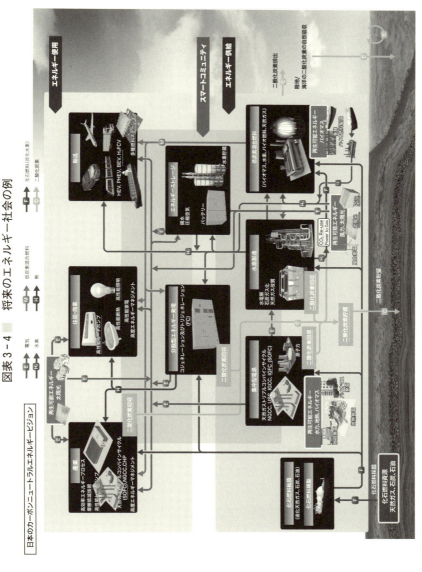

(出所) 九州大学カーボンニュートラル・エネルギー国際研究所

される可能性がある。**図表3-4**は将来のエネルギー社会を図で示したものである。この図の中では水素や再生可能エネルギー起源のメタンを活用する社会が描かれている。またこの社会の中では、低炭素化を高度に進めるため、化石燃料は使用されるもののその転換あるいは使用過程でCO_2回収設備が設置され、CO_2の輸送インフラを経て、再び地中に戻す流れも示されている。

4 将来の政策とエネルギーミックス

 温室効果ガス大幅排出削減シナリオ

現在のエネルギーミックスの変化のシナリオは、想定された将来需要とGHG排出削減の条件を満たしながら、より経済的なエネルギー供給をという考え方で検討されることが多い。よく知られているのは、IEAのエネルギーシナリオや、IPCCの排出シナリオである。いずれも、BAU（business as usual 特段の対策のない自然体ケース）のシナリオに加えてさまざまなCO_2の排出レベルのシナリオを検討しているが、パリ合意で示されたように気温上昇を2℃

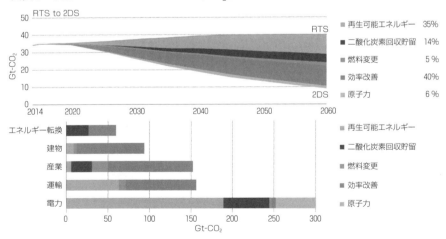

図表3-5　IEAの2DSシナリオ（CO_2排出削減技術別に貢献割合を示している）

（出所）　IEA, Energy Technology Perspective 2017

までに抑えることが世界的合意であることから、いずれも 2 ℃目標を達成するシナリオの検討に重点を置いている。よく知られており、また近年の技術・社会動向を反映して頻繁に更新されているのが IEA の 2DS シナリオである（IEA, 2017）。

このシナリオを見ると、IEA において今世紀半ばに向けてどのようなエネルギー技術が温暖化対策の面で貢献すると予想されているかがわかる。最も貢献度の大きいのは、効率改善（省エネと発電効率の向上）である。電力を除くすべての分野で半分以上、産業や建物は 7 割程度が省エネの貢献度となっているが、電力分野ではわずかである。その次が、再生可能エネルギーの利用と燃料の変更である。再生可能エネルギーは風力発電・太陽光発電が中心なのでほとんど電力部門で貢献し、燃料変更の中心であるボイラー等における石炭から天然ガスへの変更は産業部門や建物部門で貢献する。

❷　主要国の政策とエネルギーミックス

①　米国

米国は世界第 2 位のエネルギー消費国（2016 年一次エネルギー消費量 2273 Mtoe）、GHG 排出国（2015 年 5.84 Gt-CO_2eq）である。一次エネルギーの大半は石油・石炭・天然ガスによって供給され、電力については依然 4 割程度石炭に依存している。

米国のエネルギー政策は、大気汚染物質等の排出削減のための環境規制があるものの、基本的には経済における競争原理を重視している。環境、経済以外の政策要素としては、雇用とエネルギーセキュリティがあり、特に雇用は古くはニューディール政策の時代からの伝統ともいえる。オバマ政権がグリーンニューディール政策におけるクリーンエネルギーの普及によって雇用創出をもたらそうとしたことも（U.S. 111th Congress, 2009）、ある意味伝統に沿っている。

化石燃料が豊富と思われる米国であるが、雇用と共にエネルギーセキュリティの重視を打ち出したのが、オバマ政権の All-of-the-Above 戦略（The White House, 2012）である。この戦略とは、利用可能なすべてのエネルギー源を活用して自国産のエネルギー確保と、経済活性化と雇用創出を図るものであ

る。この背景にはシェールガス開発技術の向上がある。米国は2009年以降のオバマ政権時に天然ガスの産出量が最大になり，2016年以降LNG輸出国となっている。

　米国は，ブッシュ政権時，京都議定書を離脱（2001年）したように，CO_2の排出削減にはそれほど積極的ではなかったが，オバマ政権になって方向が変わり，パリ協定では最初の批准国の1つとなり，国内的にはClean Air Actの改正（2015年）によってCO_2を大気汚染物質の1つとして認定し，2015年には発電所における排出規制を発効させた（栗山，2015）（その後2016年に連邦裁判所によって差し止め）。この規制でまともに影響を受けるのは米国において発電所の設置割合の大きな石炭火力発電である。新たな規制によって，新規の火力発電所では，天然ガス火力については最新の複合発電を導入すれば規制をクリアできるが，石炭火力についてはいくら効率が高くともCCS付きの石炭火力（および天然ガス混焼石炭火力）以外の設置はできないことになった。この発電所におけるCO_2排出規制は米国国内で多くの議論を呼んだが，背景としてはもともと新規の火力発電所についてはシェールガス開発による天然ガス価格の大幅低下により，天然ガス火力のほうがコスト的に有利になってきており，現状傾向の延長にあるシナリオにおいて新規火力については天然ガス火力の導入が見込まれる確率が高いことがある。つまり，このことはパリ協定の自国が決定する貢献案（Intended Nationally Determined Contribution：INDC）[1]と整合しており（U.S. Department of Energy, 2015），米国の2030年の温室効果ガス排出削減目標は実は現状傾向の延長にあるシナリオからほとんど乖離していないと考えられる。

　トランプ政権になって温暖化対策は方向を再び大きく変えようとしている。米国はすでにパリ協定からの離脱を表明し，火力発電所からのCO_2排出規制に関しても撤廃を検討していると言われている（日本経済新聞，2017）。温暖化対策への取り組み程度についての変化は予想されるものの，本質的に高い経済性を志向する米国は，自国の最大のエネルギー資源であり安価である石炭の利用を考慮しつつも，ある程度クリーンな自国産天然ガスと豊富な再生可能エネルギーの利用の拡大を中心にしてエネルギーミックスが変わっていくと考えられる。

② ヨーロッパ

EU28ヵ国全体としてみると第3位のエネルギー消費国（2015年一次エネルギー消費量1642 Mtoe）であり，GHG排出国（2015年4.0 Gt-CO_2eq）である。一次エネルギーのエネルギーミックスは国によって異なるが，多くを化石燃料に依存しているものの，再生可能エネルギーの割合が2割近くと他の地域より高い割合となっている。

EUでは中短期的には2020年および2030年におけるエネルギー・気候変動に関する政策目標を設定し，それに対する政策群を用意する一方，長期的には2050年までのロードマップを用意し，技術開発や政策措置の方向性を提示している。

2020年目標に関しては，欧州委員会が2010年にEnergy 2020（European Commission, 2011）において，「3つの20」すなわち，GHG排出量を1990年比で20％削減，最終エネルギー消費に占める再生可能エネルギー割合を20％へ引き上げ，エネルギー効率改善20％（一次エネルギー消費削減20％，努力目標）を示している。その進捗を踏まえて，2014年策定されたA policy frame for climate and energy（European Council, 2014）では，2030年の目標を，GHG排出量1990年比40％削減，再生可能エネルギー比率27％，エネルギー効率改善27％（一次エネルギー消費削減27％，努力目標）と定めている。目標自体が示すように，まず気候変動対策目標としてGHG排出削減を視標に掲げ，エネルギーミックス的には再生可能エネルギーの普及を目標にしてその割合を指標として掲げている。2020年目標における5つの重要課題において，エネルギー効率の向上や，最高水準のセーフティとセキュリティの実現と並んで，汎欧州統合エネルギー市場の構築を挙げており，エネルギー需給における市場原理の活用を重視している。この点は，GHGの排出削減政策にも共通しており，市場原理を活用するEUETS（EU排出権取引制度）が重要な排出削減のドライバーとなっている。2030年の目標においては，EUETSの対象となる部門においては43％の排出削減，対象とならない部門において30％の排出削減としているように，EUETSの活用を重視している。エネルギーミックスの視点から考えると，エネルギーと技術の組合せ自体を市場に選ばせるやり方と言える。

Energy roadmap 2050（European Commission, 2012）は2050年までに温室効

果ガス排出量削減目標を1990年対比80％削減を可能とする道筋を示すもので，特定の技術に依存せず，再生可能エネルギーのみならず，CCSや原子力などすべての低炭素エネルギーを市場で競争可能とすることによりコスト負担を少なくした，低炭素社会への移行を狙っている．

③　中国

中国は世界第1位のエネルギー消費国（2016年一次エネルギー消費量3053 Mtoe），GHG排出国（2012年11.3 Gt-CO_2eq）である．人口増は見込めないものの，世界最多の人口を有しており，経済的には中進国であるため，今後も1人当たりエネルギー消費の増大が見込まれ，それによってエネルギー消費の増加とGHGの排出量増加が予想される．

中国は5年ごとに発表される，エネルギー発展5ヵ年計画を基本方針として，エネルギー政策を展開している．直近は2017年に2020年までのエネルギー政策の基本方針を示す「エネルギー発展第13次5ヵ年計画」を発表した（八ツ井，2017）．中国のエネルギー課題はまず供給の確保，エネルギーセキュリティ向上，環境対策であろう．政策の重点は「二重の代替」と呼ばれる①化石燃料における石炭から天然ガスへの代替，②化石燃料から非化石エネルギーへの代替に置かれている．石炭は中国でほぼ自給でき，供給面の中心となる一次エネルギーであるが，PM2.5といった大気汚染の主因である．天然ガスへの代替は，大気汚染対策に大きく貢献するものであり，また温暖化対策としてもCO_2排出強度は，天然ガスは石炭の半分なので有効である．非化石エネルギー，特に豊富な再生可能エネルギーへの転換も，環境面では当然有効であるし，エネルギーセキュリティの向上に貢献する．現在でも中国は世界最大の風力・太陽光発電容量を持つ国である．

中国は，パリ協定に向けたINDCでGDPあたりCO_2排出量60〜65％削減（2005年比と，2030年頃のできるだけ早い時期にCO_2排出量をピークアウトさせること）を目標と掲げている（The government of China, 2015）．削減目標の方は，総排出量の目標ではなく，GDP当たりという原単位の目標なので，中国の経済成長目標を考慮すると総排出量は増加する．

INDCに示された2030年に関する他の目標では，一次エネルギーに占める非

化石燃料の割合を20％前後とすることや，森林蓄積量の大幅増加が挙げられている（李，2016）。エネルギーミックスに関しては2020年に関するものが中心であり，天然ガス利用規模を一次エネルギー消費の10％以上，風力発電の設備容量を2億kW（2015年，1.29億kW），太陽発電の設備容量を1億kW（0.43億kW）に拡大する等が挙げられており，5ヵ年計画ともほぼ合致している。これを見ると，中国は二重の代替をどちらかといえば短期的戦略を中心に組み込んでいることが分かる。

④　インド

インドは世界第3位のエネルギー消費国（2016年一次エネルギー消費量724 Mtoe），GHG排出量国（2010年1.8 Gt-CO_2eq）である。EUを国として数えるとそれぞれ4位であるが，2020年までにはEUを追い越すと予想される。インドは石炭への依存率が高く，一次エネルギーの約半分，電力の6割程度は石炭によって供給されている。

インドのエネルギー政策の重点は供給の確保である。インドのエネルギー需要は経済成長と人口増加によって過去10年間で大幅に増加してきた。特に電力需要の増加が大きいため，電力設備容量も大きく増加しているものの，需要に追い付かず電力が不足しているため，停電が頻繁に発生している。2014年に首相となったモディ首相は州知事時代に電力制度改革を中心にエネルギー政策で実績をあげており，全国においてエネルギーインフラ整備と再生可能エネルギー導入を強化していくと考えられる。

インド連邦政府のエネルギー行政は，省庁ごと（電力省，石炭省，石油・天然ガス省，新・再生可能エネルギー省，原子力庁）の5ヵ年のエネルギー計画をベースに進められているが，現実的には国内賦存量が多く価格が安い石炭の利用が火力発電を中心に増加している（アイ・ビー・ティ，2017）。その一方，太陽光，風力といった再生可能エネルギーも大きく増加しており，これにはもともとの再生可能エネルギー起源の発電に有利な自然条件に加え，固定価格買取制度（FIT）等の普及促進制度が貢献している。

インドはINDCでGDPあたりCO_2排出量33％〜35％削減という中国と同様の原単位方式の目標を掲げている（The government of India, 2015）。インドは

先進国と途上国の「共通だが差異ある責任」を強く主張している国の1つであり，目標自体も成り行きで達成できるものと考えられる（秋元，2015）。

インドの電力需要は2040年に3.5倍になると予想され，これを満たすため相当量の石炭火力発電と再生可能エネルギー特に太陽光発電が導入されると予想される。さらに，今後の自動車保有台数の大幅な増加は，石油や電力の需要をさらに引き上げる可能性がある。太陽光発電の増加はエネルギーミックスを再生可能エネルギーよりに変える可能性が大きいが，基本は全体のエネルギー需要が増加するため，CO_2排出量は石炭火力発電の増加によって大幅に増加し，世界のCO_2排出量は，将来のインドの石炭火力発電に大きく影響されると考えられる。

⑤ 日本

日本は世界第5位のエネルギー消費国（2016年一次エネルギー消費量445 Mtoe），GHG排出国（2015年1.3 Gt-CO_2eq）である。

日本のエネルギー政策は，エネルギー基本計画（経済産業省，2014）を基礎としている。東日本大震災後作成された現在の計画では，基本的視点（3E＋S）としてエネルギーの安定供給（Energy Security），経済効率性の向上（Economic Efficiency）による低コストでのエネルギー供給を実現，環境への適合（Environment）とともにその前提として安全性（Safety）を掲げている。同計画では，エネルギーの需給に関する長期的，総合的かつ計画的に講ずべき施策の中で，最初に基本的視点を直接反映した「資源確保のための総合的な施策の推進」，「徹底した省エネルギー社会の実現とスマートで柔軟な消費活動の実現」，「再生可能エネルギーの導入加速」を示した後，「原子力政策の再構築」を挙げ，安全性を確保しながらの原子力の活用を重視し，その次に「化石燃料の効率的・安定的な利用のための環境の整備」を挙げ，省エネ，再生可能エネルギー，原子力，化石燃料それぞれを重視したエネルギーミックスを目指している。

具体的な中長期施策の方向性は，エネルギー基本計画を受けて，「長期エネルギー需給見通し」（経済産業省，2015）に示されている。2030年の電源構成として，再生可能エネルギー約22〜24％，LNG火力約27％，石炭火力約26％，石油火力約3％，原子力約20〜22％という比率を示している。一次エネルギー

の構成比率では，再生可能エネルギー約13〜14％，LNG約18％，石炭約25％，LPG約3％，石油火力約30％，原子力約10〜11％である。これは，ほぼ同時に作成された日本のINDC，2013年比26％GHG排出削減（The government of Japan, 2015）と整合している。

「長期エネルギー需給見通し」は長期と言いながらも，2030年以降については簡単に取り組みの方向性を示しているだけである。長期的なGHGの排出削減目標として，2050年80％減を目指すことを明確にしているのが，地球温暖化対策計画（環境省，2016）であるが，2030年以降の取り組みの具体性に乏しく，2030年までの取り組みの具体性に比べて大きなギャップがある。したがって，長期的な日本のエネルギーミックスについては，2030年GHG排出削減目標の積み上げに用いられたエネルギーミックスと現在の状況等から予想するしか方法はないと考えられる。2030年のエネルギーミックスの中で，現在の状況から予想すると異なってくる可能性が高いのが，原子力発電である。2017年12月現在稼働している原子力発電所は4基であり，再稼働は遅れ気味である。さらに稼働年数を規定どおり40年とすると，原子力発電所の多くは廃炉となり，現在廃炉となっていない43基のうち2030年では18基しか残らない。設備容量から計算すると多くて15％程度の割合しか担えないと考えられる。再稼働の進み方によってはさらに少なくなる。2030年目標に向けて原子力発電不足分をどの電源で補うのかは大きな課題であり，長期的には規定稼働年数に達する原子力が増える中，2050年におけるGHG排出80％削減に向けてどのようなエネルギーミックスが必要とされるのか，現在の日本の政策からは見えない状況である。

⑥ 主要国の政策から見た世界のエネルギーミックス

現実の世界の主要国の政策は，ヨーロッパのように目標と明確な意図をもってエネルギー移行を進めて行こうとする国々もあれば，インドのようにエネルギーの供給確保を重視した成り行き的な政策を行う国もありさまざまであるが，現状の傾向からは，これから将来のエネルギーとして再生可能エネルギーと天然ガスの利用拡大の重視という大きな方向性と，低コストの石炭とのせめぎ合いという流れが見えてくる。

先進国では，ヨーロッパは再生可能エネルギーへの移行を進めて行き，安定的な電源として天然ガス，原子力，CCS付き化石燃料利用が役割を果たしていくことになろう。米国は，天然ガスの導入が大幅に進む一方，伝統的なエネルギーとしての石炭の利用の重視といった方向が見て取れる。ヨーロッパは温暖化や大気汚染対策といった環境面重視の考えを反映し，米国は経済性やエネルギーセキュリティといった考えを主に反映しているように見えるが，技術革新と量産化による再生可能エネルギーコストの大幅低下とシェール革命による天然ガス価格の大幅低下を考慮すると，経済性やエネルギーセキュリティの重視こそ，ヨーロッパが重視する政策をもたらしたものと考えることもできる。

（注）　この節で示した国別の一次エネルギー消費はBP（2017），GHG排出量はUNFCCC（2018）に基づく。

5　まとめ

　世界のエネルギーミックスは，国々の地理的政治的条件を反映しながら，再生可能エネルギー・天然ガスといったよりクリーンな方向性と，石炭を重視した経済性とセキュリティが保証された従来型のエネルギーを重視した方向性の中で，動いていくと考えられる。これらの動きは相互に関連しており，例えば欧米での石炭離れが進めば国際的な石炭価格は下落し，安くなった石炭は途上国での利用を高める可能性がある。温暖化対策は，エネルギーミックスに影響を与えうる重要な因子であるが，途上国の掲げている温室効果ガス排出削減目標の多くは成り行きで達成できるものであり，その影響の程度は大きくないかもしれない。世界の将来のエネルギーミックスは，最多の人口を有し今後経済成長が続くと考えられ，現在エネルギー消費とGHG排出の面で第1位と第3位である，中国とインドに大きく左右される。これらの国の温暖化対策はどちらか言うと経済成長を重視した成り行きに近いものであり，その点でコストの低い石炭や天然ガスが，現在最も利便性が高いエネルギーである石油に加えて，将来のエネルギーミックスの主役になる可能性が高い。

　クリーンかつ将来的に安価になると予想されるものの不安定な電源である再

生可能エネルギーの将来の大幅は導入拡大を技術的に支えるのが，化学的二次電池や揚水発電，圧縮空気貯蔵といったエネルギー貯蔵技術である。これには貯蔵と流通という面で電気以外の二次エネルギー（エネルギーキャリア）の水素やメタノールの利用も含まれる。これらの効率や経済性の面での技術進歩なしには，一次エネルギーの過半を占めるような大幅普及は考えられない。

経済成長すなわち自国の生活の質の向上を目指す途上国においては，安価で利用しやすいエネルギーの利用と電化の推進は欠かせず，それには依然として多くの国で石炭が向いている。石炭火力の利用推進は基本的に温暖化対策に逆行するものであり，この問題を解決するにはCCSの導入が必要となる。途上国で発電コスト増につながるCCSを実施するには先進国の支援が欠かせず，そのためには排出削減をクレジットとして移転し自国の目標達成に利用でき，かつ利用に制限があった京都メカニズムをはるかに超えるような柔軟性のある国際的な枠組みが必要となる。

天然ガス火力は，現在は比較的クリーンと言えるが，再生可能エネルギー起源の発電等の低炭素電源と比べればCO_2排出量ははるかに多く，将来の発電部門においてさらなる排出削減を行うには障害となる可能性がある。すなわち，将来は天然ガス火力が現在の石炭火力と同じような立場に立たされる可能性があるということである。その点で，将来は天然ガス火力とCCSの組み合わせも必要な技術となるかもしれない。

■注

1　2015年の国連気候変動枠組条約締約国会議（COP）以降に，「自国が決定する貢献案」（Intended Nationally Determined Contribution: INDC）は「自国が決定する貢献」（Nationally Determined Contributions: NDCs）へ移行している。

■参考文献

BP (2017), BP Statistical Review of World Energy June 2017.
Dodds, P.E. and Hawkes, A. (Eds.) (2014), The role of hydrogen and fuel cells in providing affordable, secure low-carbon heat. London, UK: H2FC SUPERGEN.
European Commission (2011), Energy 2020–A Strategy for competitive, sustainable and secure energy. Luxembourg: Publications office of the European Union.
European Commission (2012), Energy roadmap 2050. Luxembourg: Publications office of the Eu-

ropean Union.
European Council (2014), Conclusions on 2030 Climate and Energy Policy Framework (SN 79/14). Retrieved from https://www.eea.europa.eu/policy-documents/eu-council-conclusion-sn79-14.
International Energy Agency (2016), World Energy Outlook 2016. Paris, France: IEA Publications.
International Energy Agency (2017), Energy Technology Perspectives 2017. Paris, France: IEA Publications.
Staffell, I. and Dodds, P.E. (Eds.) (2017), The role of hydrogen and fuel cells in future energy systems. London, UK: H2FC SUPERGEN.
The European Union (2015), Intended Nationally Determined Contribution of the EU and its Member States.
Retrieved from http://www4.unfccc.int/Submissions/INDC/Published%20Documents/Latvia/1/LV-03-06-EU%20INDC.pdf.
The government of China (2015), Enhanced actions on climate change: China's Intended Nationally Determined Contribution.
Retrieved from http://www4.unfccc.int/Submissions/INDC/Published%20Documents/China/1/China's%20INDC%20-%20on%2030%20June%202015.pdf.
The government of India (2015), India's Intended Nationally Determined Contribution: Working towards climate justice.
Retrieved from http://www4.unfccc.int/ndcregistry/PublishedDocuments/India%20First/INDIA%20INDC%20TO%20UNFCCC.pdf.
The government of Japan (2015), Submission of Japan's Intended Nationally Determined Contribution (INDC).
Retrieved from http://www4.unfccc.int/Submissions/INDC/Published%20Documents/Japan/1/20150717_Japan's%20INDC.pdf.
The White House (2012), Blueprint for a Secure Energy Future.
Retrieved from https://obamawhitehouse.archives.gov/sites/default/files/blueprint_secure_energy_future.pdf.
UNFCCC (2018), GHG data from UNFCCC.
Retrieved from https://unfccc.int/process/transparency-and-reporting/greenhouse-gas-data/ghg-data-unfccc/ghg-data-from-unfccc.
U.S. Department of Energy (2015), United States' Intended Nationally Determined Contribution (INDC).
Retrieved from https://www.iea.org/media/workshops/2015/15thghgtradingworkshop/1.2Grenwald.pdf.
U.S. 111th Congress (2009), American Recovery and Reinvestment Act of 2009 (USA).
秋元圭吾 (2015)「我が国および世界各国の約束草案の排出削減努力の評価」公益財団法人地球環境産業技術研究機構。
株式会社アイ・ビー・ティ (2015)「平成26年度エネルギー環境総合戦略調査 (諸外国のエネルギー安全保障及びエネルギー源構成の背景にある政策に関する調査)」。
川合智之 (2017)「米トランプ政権，火力発電所規制を撤廃へ　石炭・石油開発を促進」，日本経済新聞 (2017年10月11日)。

https://www.nikkei.com/article/DGXMZO22110170R11C17A0EAF000/（閲覧日：2017年11月20日）
栗山昭久，吉野まどか，小嶋公史（2015）「米国における火力発電所排出規制の概要と今後の動向—クリーン・パワー・プランおよび炭素汚染基準の解説—」公益財団法人地球環境戦略研究機関。
経済産業省（2014）「エネルギー基本計画」
経済産業省（2015）「長期エネルギー需給見通し」
環境省（2016）「地球温暖化対策計画」
清水透（2014）「2030年を見通すEUの気候変動・エネルギー政策枠組み」一般財団法人日本エネルギー経済研究所。
日本機械輸出組合（2015）「平成26年度地球温暖化問題等対策調査　欧州の気候変動政策に関する調査・分析」
八ツ井琢磨（2017）「2020年に向けた中国のエネルギー政策と課題」三井物産戦略研究所。
李志東（2016）「中国における「パリ協定」後の気候変動対策」『エネルギー経済』No. 6, pp.71-75。

第4章
再生可能エネルギー活用とグリッド

1 背景

　1997年12月に京都で開かれた第3回気候変動枠組条約締約国会議（地球温暖化防止京都会議，COP 3）で気候変動枠組条約に関する議定書（気候変動に関する国際連合枠組条約の京都議定書：Kyoto Protocol to the United Nations Framework Convention on Climate Change）により，温室効果ガス排出抑制が合意された。この合意を受け，世界は主な排出源となっている火力発電所の温室効果ガス（CO_2）発生抑制に向けた取り組みを開始した。当時，原子力はその救世主とも考えられていたが，2011年3月東日本を襲った大地震による重大事故が世界に衝撃を与えた。東日本大震災による津波は海岸線に立地する大型集中電源を破壊し，原子力発電所に壊滅的な被害を与えた。その後，東日本大震災が各国の原子力政策転換につながっていくことは，周知のとおりである。またこの災害を機に，世界は温室効果ガスを発生させない，持続可能なエネルギーである再生可能エネルギー（以下，再エネ）活用に大きく舵を切りはじめている。

　さらに，2015年12月のパリ協定（COP 21）では，地球の平均気温を産業革命前から2.0℃以内の上昇に抑えることを共通目標とすることで合意し，各国が京都議定書よりさらに厳しい目標を達成することを確認した。日本は削減中期目標として，2030年度までに温室効果ガス排出を2013年度より26％抑制すること，長期的目標として2050年度に80％削減を見据えた戦略的取り組みを行うことを，日本の約束草案として2016年5月13日閣議決定した。

　このような状況下で，温室効果ガスを発生させずエネルギーの供給を担う手

段として，また持続可能なエネルギー供給方法として再エネへの期待はますます大きくなっている。限界費用がない（燃料を必要としない）風力，太陽光といった再エネの発電原価は，ほぼ資本費（設備投資）で構成されている。これらの再エネは普及拡大による量産効果で設備投資額は低下，技術進展による信頼性向上による耐用年数の延伸が日々進んでおり，直接的に発電原価を低下させる要因となっている。このような再エネ発電への投資の圧縮はさらなる普及を後押しするといった相乗効果が現れ始めている。

ドイツは2030年までに50％以上を再エネ電力で賄う目標を持ち，再エネ利用促進に関わる先進的な取り組みを行っている。ドイツにおける風力で得られる電力の発電原価はすでに石炭火力発電より安くなったともいわれている。2017年8月にドイツの再エネFIP／プレミアム算定基準となる陸上風力の入札結果は，4.28セント/kWh（おおよそ5.56円/kWh）で落札されている[1,2]。すなわち，再エネ導入に力を注いできたドイツでは，発電原価において陸上風力はすでに火力発電原価を凌駕するレベルとなっている。風力，太陽光といった再エネの発電原価は，設置箇所の自然要件に左右される設備利用率に大きく依存するので，単純な比較はできない。しかし，ドイツの再エネ発電原価水準は各国にとって，再エネ発電原価がどの水準まで下落するかを占ううえで重要である。すなわち，温室効果ガス発生抑制という環境価値を求め導入が始まった再エネも，東日本大震災以降世界で加速しており，量産効果が見られるところまで来ている。再エネ発電の量産効果による発電原価水準は，すでに化石資源を燃料とする火力発電の原価を下回るところまで到達している。

環境エネルギー政策研究所（ISEP）の「2017年暦年の国内の全発電量に占める自然エネルギーの割合（速報）」によると，電力調査統計などを元にした2017年の日本国内の全発電量（自家消費を含む）の電源別割合を推計結果では，2017年暦年の日本国内の全発電量に占める自然エネルギー全体の割合は15.6％，うち太陽光は5.7％となったことが報告されている。世界の太陽光，風力といった再エネ設備導入も急激な増加の一途をたどっており，2016年の太陽光，風力設備の累積導入量はそれぞれ約5億kW，約3億kW，合計8億kWに達している[3]。この設備容量は全世界の原子力発電設備容量約4億kWの2倍とも報告されている。これら再エネ設備への投資意欲はますます高まりを示しており，

その導入はなお加速している。再エネ設備の利用率（発生電力量/（8,760×設備容量））は原子力発電の1/4～1/3程度であるが，現状の普及速度であれば，2020年頃には原子力発電の発電量を再エネが上回ることになるであろう。

2 日本の状況

日本政府は2012年からFIT（Feed in Tariff：再エネの固定価格買取制度）制度で，再エネに対する支援を行い導入の促進を図った。このFIT制度は，再エネで発電した電気を，全量電力会社が一定価格で買い取ることを，国が約束する制度である。あらかじめ，電力会社が再エネの買取賦課金という形で消費者からFIT認定再エネを買い取る費用を徴収し，電力会社が買い取る固定価格と一般社団法人日本卸電力取引所（JEPX）の「スポット市場取引価格」との差額を費用負担調整期間が補填する。再エネ設備で発生する電気の買取価格は，「調達価格等算定委員会」で毎年査定し政府が認定する（**図表 4 - 1**）[4]。このFIT制度により，再エネ発電設備の収益が見通しやすく，かつ内部利益率（IRR）も買取価格で保証されたため，建設投資の回収見通しが立ちやすく

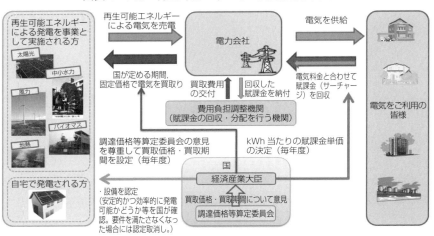

図表 4 - 1　再生可能エネルギー固定価格買取制度

（出所）　一般社団法人　低炭素促進機構ホームページ　http://www.teitanso.or.jp/fit_top

第4章 再生可能エネルギー活用とグリッド

図表4-2　FIT制度による再生可能エネルギーの増加

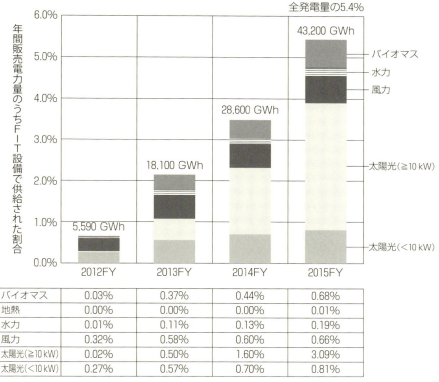

バイオマス	0.03%	0.37%	0.44%	0.68%
地熱	0.00%	0.00%	0.00%	0.01%
水力	0.01%	0.11%	0.13%	0.19%
風力	0.32%	0.58%	0.60%	0.66%
太陽光(≧10 kW)	0.02%	0.50%	1.60%	3.09%
太陽光(<10 kW)	0.27%	0.57%	0.70%	0.81%

（出所）　固定価格買取制度情報公開ウェブサイト　https://www.fit.go.jp/statistics/public_sp.html
　　　　　データに基づき筆者計算

なり，普及が急速に進んだ。FIT買取価格適用を受けた再エネ設備は飛躍的に増加し，**図表4-2**に示す[5]ように2015年度再エネFIT設備で供給された電気は232億kWhに達した。これは電力10社の年間販売電力量の約5.4％に相当する。これに，既存水力発電所の発電量（電力10社の年間販売電力量の約7.4％）を考慮すると，2015年度の電力10社の年間販売電力量の12.8％が再エネで賄われたことになる。また，FIT電力の内訳は約7割が太陽光発電による電力である。FIT電力を供給する設備の容量も3,315万kW（2016年11月時点）に達しており，その95％は太陽光となっている。

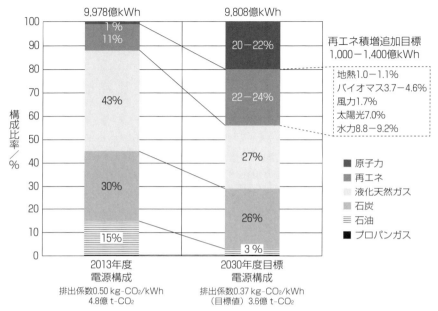

図表4-3 2015年7月に閣議決定された2030年度の日本の電源構成目標と比較年（2013年度）の電源構成

（出所） 経済産業省（METI）資源エネルギー庁長期エネルギー需給見通し，エネルギー白書を元に筆者計算。

図表4-3には2015年7月に閣議決定された2030年度の日本の電源構成目標を示す。日本は概ね46％以上のCO_2オフセット電源（再エネ＋原子力）による電力供給を目論んでいる。これによって2030年度における電源のCO_2原単位は2013年度比▲26％の0.37 kg-CO_2/kWh以下とすることを目指している。この電源構成で1.2億t-CO_2削減が期待されている。2030年度の▲26％の削減目標達成には3.4億t-CO_2程度の削減が必要なので，電源構成見直しで目標値の1/3の達成を目指すことになる。

図表4-4には，一般電力事業者10社（北海道電力，東北電力，東京電力，中部電力，北陸電力，関西電力，中国電力，四国電力，九州電力，沖縄電力）の発電電力量と各電源別発電量の推移を電気事業者連合会統計データ[6]に基づき，グラフ化した結果を示している。この10社の販売電力量は2007年度10,035

第4章　再生可能エネルギー活用とグリッド

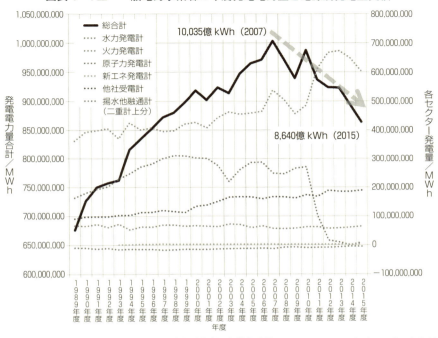

図表4-4　一般電力事業者の年度発電電力量と電源別発電量実績

（出所）　電気事業連合会ホームページ電力統計情報より筆者計算　http://www.fepc.or.jp/library/data/tokei/

億kWhをピークに平均1.5％/年で低下しており，2015年度販売電力量は8,640億kWh（2007年度比▲1,395 kWh）で2007年度比▲13.9％となっている。これは，震災などを機に，LEDをはじめとする省エネ機器の普及が進展したことや，再エネをはじめとする小型電源の自家消費が進んでいることなどの影響とも考えられるが，詳細な要因についてはさらなる分析が必要である。また，**図表4-3**に示した2015年度閣議決定電源構成目標では，2030年度の電力消費を2013年度とほぼ同等として予想しているが，電力需要の減少次第では，CO_2オフセット電源比率が前倒しで達成される可能性もある。

図表4-5には一般電力事業者が所有する発電設備の容量と日本の電力ピーク需要の推移を示している。この電力ピーク需要は発電設備容量と密接な関係がある。すなわち，この電力ピーク需要分の容量の発電設備は，安定供給のた

図表 4-5 一般電力事業者が所有する発電設備容量と日本の電力ピーク需要

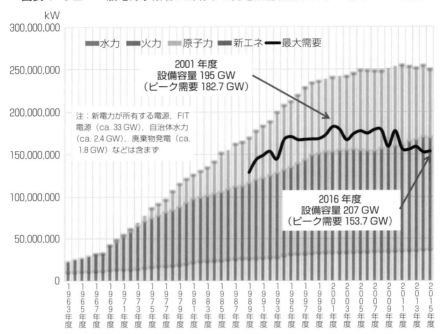

(出所) 電気事業連合会ホームページ電力統計情報より筆者計算　http://www.fepc.or.jp/library/data/tokei/

めに必要な発電設備容量の目安となると考えられている。すなわち、電力ピーク需要に対して、3－5％程度の設備予備容量が安定供給には必要と考えられている。この電力ピーク需要は2001年度の1.827億kWから2015年度1.537億kWと約0.3億kW低下している。これは「安定供給に必要な発電設備容量が0.3億kW圧縮できる状況」、とも言い換えることができる。これに加え、国内には新電力が所有する電源、FIT電源（3,315万kW）、自治体水力（約240万kW）、廃棄物発電（約180万kW）等が導入されており、これを考慮すると現在の国内の電力市場は多くの予備電源が存在していることになる。一方、一般電気事業者10社の所有する電源は2015年度合計で2.074億kWであり、2015年度断面で、電力10社が所有する発電設備余剰いわゆる予備率（ピーク需要に対する発電設備余剰比率：2015年度発電設備2.074億kW／ピーク需要1.537億kW）は35％に

達している。これに加え，FIT制度で導入された再エネ発電設備（0.3億 kW）もあり，実質上の予備率は56％に達している可能性もある。しかし，現時点では設備の19％を占める原子力が再稼働途上にあるため，余剰感が顕在化していないものの，原子力再稼働が本格化するとこの余剰設備は強く認識され始めるであろう。震災で原子力が操業を止めたことで，日本の電力供給は危機的状況と危惧されていたが，実際は省エネなどによる電力消費の減少，FIT で整備された再エネ設備の躍進により，日本の発電設備予備率は計算上50％を超える状況にある。ただし，電気の信頼性や安定的な供給力といった面で，特に系統運用の面で再エネ電力供給比率が高まることへの懸念もあり，この純国内資源による持続可能な利用を推進するにあたり，新しい発想や技術の導入も必要である。

3 次世代電力供給

　日本では FIT（再エネ固定価格買取制度）で支援を受け，再エネは急速に導入が進んでいる。そもそも再エネは，火力発電のように発電のための燃料を購入することや運転費用（人件費）をかけることもないため，大規模化によって運営経費が小さくなるなど，規模の経済的メリットは少ない。したがって，再エネは先のドイツの事例のように，マスプロ効果により経済メリットが得られる状況になると，比較的小さな投資で取り組める小型分散設置でも経済的便益を得やすいので，普及速度は非常に大きくなる。また，このような規模による経済性の喪失は，大きな負債や燃料調達リスクなく発電事業に参入できるため，電力の競争を促す要因ともなる。さらに，自然エネルギーという純国産エネルギーで電力供給できることは，国内資源に乏しい我が国にとっても，自給率向上といったエネルギー安全保障面でのメリットも大きい。

　世界的な再エネ普及拡大で設備価格は急激に低下しており，環境面ばかりでなく発電原価面でも競争力を高めつつある。近い将来，太陽光や風力といった再エネ電源は火力発電に代わる主力電源となっていくことは間違いない。一方，持続可能な純国産エネルギー供給を担い，価格面でも急速に競争力を高めつつある再エネではあるが，出力調整機能を有していないため電力の消費と供給の

インバランスに関してはまだ課題を残している。発電原価は急激な低下を示すものの，調整機能を有していないので，電力系統すなわち「グリッド」の再エネ利用に合わせた運用，さらに技術導入も重要となる。

「グリッド」とは発電設備と電力消費設備をつなぐ，いわゆる電気エネルギー輸送（電力輸送）に関わる電線などを指す言葉として使われている。日本の電力サービスは地域独占・垂直統合型と称される電力会社10社（一般電気事業者）による提供が行われてきた。これは，地域の電力会社が各テリトリーで，発電・送電・配電・小売を一体として運営を行う方式である。すなわち，各々の地域で電力会社が独占的に電力サービスを担うことで，地域の電力需要に対して，電力会社が周波数をよりどころとしたフィードバック制御で供給量（発電所出力）のみを調整し，需給のインバランスを保証，電力品質を保っている。このような体制下，「グリッド」は単なる電力会社の輸送設備に過ぎず，関心を集めることはなかった。

しかし，FIT制度による小型分散電源である再エネの導入拡大，電力システム改革に伴う自由化によるPPS事業や電力小売事業者増加など，今後さらに多数の利害関係者がこの「グリッド」を共同利用すると見込まれる中，運用ルールや需給のマネジメントの重要性が改めて認識されることとなった。また，電力自由化が先行する欧米では，送電と発電の所有権分離によって，発電部門に対する小売事業者の非差別的アクセスを提供するための体制整備が重要と認識されており，送電すなわち「グリッド」の中立性は重要視されている。

日本でも発電，小売事業が自由化になることで，多くの関係事業者は自由化対象外である送配電事業すなわち一般電力事業者から切り出される送配電事業者の「グリッド」に対し，公平で透明な運用を求めはじめている。単なる地域電力会社の輸送設備に過ぎなかった「グリッド」は多数の利害関係者の利用に向け，ルールの見直しが鋭意進められている。また，電力自由化後も総括原価で運用されることが決まっている一般送配電事業は，設備への過剰な投資回避や運用経費適正化に向け，厳しく原価の洗い出しを行うと同時に，組織見直しを含めた大胆な体制変革も求められていくであろう。さらに，その運用組織形態，人材の交流を含めたガバナンス体制など再構築を含めた議論も同時に進むだろう[7]。

第4章　再生可能エネルギー活用とグリッド

　多数の関係者が利用する「グリッド」には公益性，透明性，公平性に基づく運用が求められている。これらの原則による運用には新しい技術の導入も必要である。すなわち，供給設備が小型分散化し，需要も複雑化する「グリッド」の運用に対し，近年の目覚ましい IoT 技術の進展は革命的な変化をもたらす可能性も包蔵している。「グリッド」の管理は，さまざまな意味で供給と需要の現状把握／予測に集約される。すなわち，エリアにおける電力供給と消費，隣接エリアとの電力出入れ（潮流）といったマネジメントをより詳細に行うことが，「グリッド」投資を最適化あるいは管理の合理化と透明化に不可欠となる。垂直統合型のモデルにおける「グリッド」管理はいわゆるフィードバック方式で，需給インバランスを系統周波数の変化で概ね把握し，その補正は自社大型発電所への出力指令（周波数自動制御）で対応するだけで充分であった。つまり，電力会社のインバランスとは，大きな営業エリアを面としてとらえ，周波数を頼りに大型電源を主体とする供給設備の出力調整による対応のみである。安定供給のために，個々の需要状況把握や予測による先行制御は不要であった。これに対し，電力自由化以降「グリッド」は，FIT 設備事業者をはじめとする多数の小型 PPS 電源，あるいは全国で500社以上ともいわれる小売事業者と，公益を共有しつつ公平で透明なルールのもと共同利用されなければならない。それには，今までのような周波数のみで評価する単純な管理方法では安定した運用は望めず，新たな発想・技術の導入が不可欠であろう。例えば，各時間帯における個々の取引における電力の売り（供給）と買い（需要）のビッグデータを取り扱う技術，学習機能による需要予測や気象変化解析や天候の近隣エリアとの連動性による再エネ出力予測といった技術の導入や，予測に基づく時間帯別で価格を約定するシステムなども必要となるであろう。さらに，これら電力売買に伴うリスク債権を引き受ける，商品先物市場におけるクリアリングハウスのような機能も必要である。多数の利害関係者が参加する新たな市場構築に伴い，新たな技術とルール構築も必要である。

　今後新しい技術導入とルールが確立されれば，供給サイドより一義的に行っていた系統運用（「グリッド」オペレーション）は，詳細に個々の需要や分散する小型電源状況を把握することで，AI といった新たな情報技術の支援によって，飛躍的な進歩が期待できる。「グリッド」の安定運用に関わる情報として，

65

分散する小型電源状況や再エネ予測（天気の移動予測），さらに需要の予測などビッグデータの解析を行うことで，高精度の潮流解析など系統運用性は飛躍的に向上できると期待される。東京大学の阿部[8]はブロックチェーンを使って，リアルタイムで小型再エネと需要家が直接取引するシステムが可能になると報告している。このブロックチェーンを使った小ロット再エネ電力取引の実証試験がイオングループ，東京電力，関西電力で始まっている[9,10,11]。

4 再生可能エネルギーの可能性

発電に燃料を必要とせず限界費用のない再エネは，近い将来日本でも最も安価な電力を供給する手段となりうる。反面，天候など自然条件に左右される再エネ電力は需要とのマッチングが難しく，その導入拡大により電力品質低下が懸念されている。この対策として期待できるのが，急速に技術が進んでいる情報システムによる再エネと電力消費のマッチングである。電力の品質は周波数

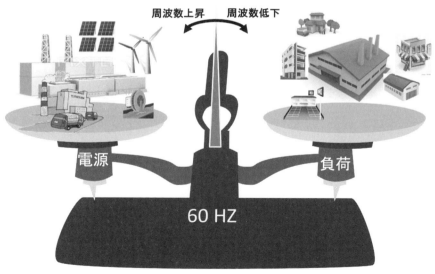

図表4-6　需給バランスと系統周波数の関係イメージ

（出所）　筆者作成

で評価されている。**図表4-6**に示すように，需要と供給のバランスで系統周波数は変化する。すなわち，需要が供給に対して大きい場合周波数は低下し，逆に需要が供給に対して小さい場合は上昇する。日本の主要系統は九州から東海地方（富士川以西）が60 Hz，東海地方（富士川以東）から東北地方が50 Hzで運用されている（北海道と東北は非同期連携）。この2つの主要系統は各々の周波数エリアで同期している。すなわち，九州から富士川以西の東海地方まで，交流電気の全く同じリズムを共有しているということである。したがって，厳密にいうと需要と供給のバランスは，この同じ交流電気のリズムを共有している全範囲で考えるべきである。天候変動で出力が急変すると懸念される再エネであるが，そもそも再エネはアナログに変化する天候で出力変動が起こるので，広範な地域で，多数の再エネ設備の合算値で評価すると予測可能な安定電源とみなすこともできる。その意味で，同じ交流電気のリズムを共有する広範な地域の再エネ合算値という評価では，現在の情報システム技術，ビッグデータ解析技術を駆使すれば，出力予測が可能で電力潮流の面でも安定した電力供給源かもしれない[12]。燃料デリバリーの必要がない再エネは，需要地近くに小型分散設置することで，災害時のリスク対応や地域の災害レジリエンスとしても有効である。一方，総出力を予測することは可能となったとしても，自然エネルギーの調整はできない。

　電力品質は需要と供給のバランスで得られる。垂直統合型独占供給で構築された日本の電力市場では，調整は供給サイドのみで行うという意識が強い。しかし，需要と供給のバランスであれば，需要の調整でも品質向上に貢献できる。すなわち，再エネの出力を意識して電力の消費を行えば，電力品質向上に資することができる。電力消費がいつ，どの電源を利用するのかを意識することで，需給調整の負担は大幅に軽減する。さらに，電力消費が近隣の再エネを意識し，協調することで，長距離電力輸送すなわち送電負担を軽減し，社会インフラ投資負担軽減にも貢献できる。このように，地域需要サイドで地域におけるエネルギー供給や貯蔵などを意識したマネジメントを行うクラスター[13]が再エネ利用には有効である（**図表4-7**）。また，電力需要サイドでインバランスを意識することは，大型火力電源にとっても計画的な運用が可能となり，計画的な燃料調達，高効率負荷帯での運用など安定した経営にも貢献することができる。

図表 4 - 7　インバランスに貢献する需要家クラスターイメージ

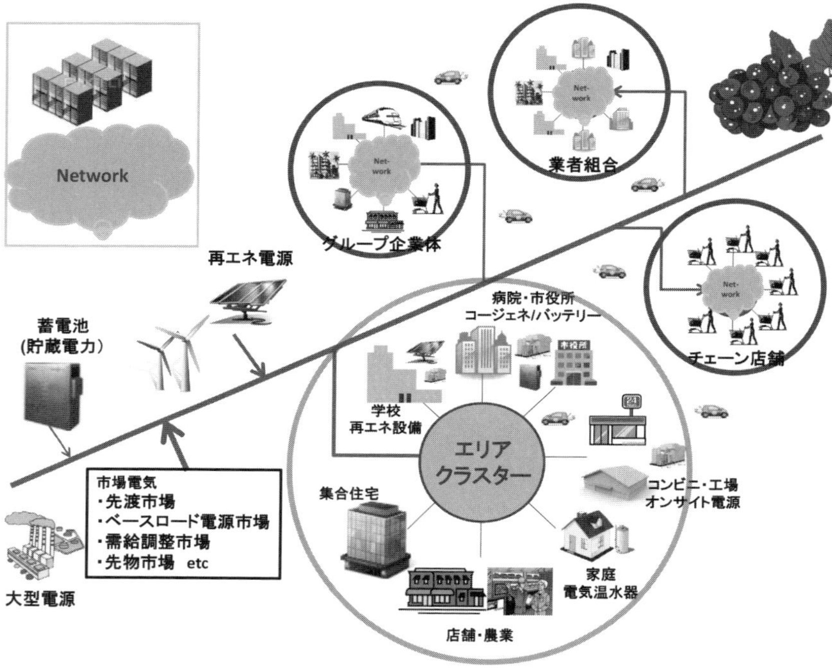

（出所）　筆者作成

　このクラスター間での再エネ余剰電力融通や，電力貯蔵協力，連携した需給調整などエリアのエネルギー情報管理で，広域で合理的なマネジメントにも貢献するであろう。将来的には，次世代モビリティとも協調し，さらに高度なマネジメントも可能である。
　電力では先渡市場がすでに運用されており，その市場価格が存在している。**図表 4 - 8** にこの先渡市場である日本電力卸売市場（JEPX）のシステム価格の月間平均値（折れ線グラフ）および年度平均値（カッコ内数字）を示している。同市場は2005年に創設され，取扱量としては日本の電力消費の数％といわれている。しかし，電力市場価格インデックスとして広く用いられている。また，この指標は FIT 制度における重要な指標でもあり，各30分の価格で買取費用交付額が決まる。

第4章　再生可能エネルギー活用とグリッド

図表4-8　日本卸電力取引所月別平均価格と年度別平均価格（カッコ内）

（出所）　JEPXスポット取引市場結果より筆者計算

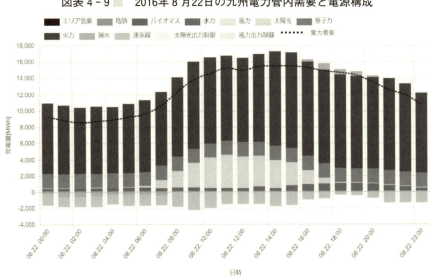

図表4-9　2016年8月22日の九州電力管内需要と電源構成

（出所）　環境エネルギー政策研究所 ISEP Energy Chart 九州エリア2016年8月22日データ

69

2011年度の東日本大震災およびその後の原子力発電停止によって，市場価格は一時高騰し，2013年度平均単価は16.51円/kWhまで上昇している。その後，原子力再稼働が始まると，市場価格は落ち着きを見せ，2016年度は8.46円/kWhまで低下している。原子力発電の再稼働で，電力供給量が確保されたことで市場価格の下落が始まった。また，**図表4-9**には九州電力管内で2016年度電力需要ピークを記録した8月22日の電力需給構成を示す。ピーク需要約1,540万kWに対し，太陽光は約400万kWを供給している。また，九州需要ピーク時でも，系統を通じ九州電力管内から本州に200万kW程度送電されている。すなわち，九州電力管内では，需要ピークでも他電力に送電できる余力を有している。これは，昼間の九州電力管内の電力消費に比べ，電源が過剰に存在すると言い換えることができる。今後，原子力発電の再稼働が順次進めば，それだけ余剰電源は増え続けることになる。現システムでは需要予測や再エネ出力予想などが発電計画にリアルタイムに反映する仕組みがないので，結果的に再エネ出力抑制を行うことになる。もはや，需要と再エネ，さらに大型電源を加えた情報システム連携は，九州においては待ったなしの状況なのである。

　東日本大震災による壊滅的な原子力発電所事故を機に，世界は持続可能なエネルギー利用として再エネ活用に大きく舵を切りはじめており，再エネ設備は量産効果などで火力発電原価を下回りはじめている。日本もこの安価になった再エネが電気供給の主役になる日が早晩訪れるであろう。また，この再エネの導入は単なる電源交換にとどまらず，系統運用のありかた，需給調整の方法，さらに需要が主体となった電力市場への転換へと進んでいくであろう。この新たな電力市場には情報システム技術による需要と電源の連携さらに再エネ出力予測と消費の連動が欠かせない。

■注

1　https://www.bundesnetzagentur.de/SharedDocs/Pressemitteilungen/EN/2017/15082017_onshore.html?nn=404422
2　https://www.bundesnetzagentur.de/SharedDocs/Downloads/EN/BNetzA/PressSection/PressReleases/2017/150812017_onshore.pdf?__blob=publicationFile&v=2
3　環境エネルギー政策研究所　http://www.isep.or.jp/archives/library/9570
4　一般社団法人低炭素促進機構　http://www.teitanso.or.jp/fit_top

第4章 再生可能エネルギー活用とグリッド

5 　経済産業省資源エネルギー庁　固定費買取制度情報公表用ウェブサイト
　　http://www.enecho.meti.go.jp/category/saving_and_new/saiene/statistics/index.html
6 　電気事業連合会電気事業データベース　http://www.fepc.or.jp/library/data/infobase/
7 　長山浩章（2012）『発送電分離の政治経済学』東洋経済新報社。
8 　阿部力也（2016）『デジタルグリッド』エネルギーフォーラム。
9 　日経BP社「メガソーラービジネス」http://tech.nikkeibp.co.jp/dm/atcl/news/16/041311005/?ST=msb&n_cid=nbptec_fbed_msb（2016年4月13日閲覧）
10　日経BP社「メガソーラービジネス」http://tech.nikkeibp.co.jp/dm/atcl/news/16/042311034/?ST=msb&n_cid=nbptec_fbed_msb（2016年4月23日閲覧）
11　日経BP社「メガソーラービジネス」http://tech.nikkeibp.co.jp/dm/atcl/news/16/042611046/?ST=msb&n_cid=nbptec_fbed_msb（2016年4月26日閲覧）
12　FTMフォーラム編・中島洋著（2014）『エネルギー革命が日本を救う』日経BP社。
13　原田達朗「第21回福島後の未来をつくる」エコノミスト，2016年1月26日，42-43頁。

第5章
バッテリー研究開発の最新動向

1 エネルギー貯蔵装置としてのバッテリー

　種々のエネルギーの中でも電気エネルギーはクリーンで質の高い二次エネルギーとして家電製品等多くの装置のエネルギー源に使われているものの，電気エネルギーの形のままではエネルギーを蓄えられない。そのため，発電量と電力消費量の差，つまり余剰電力は，貯蔵可能な別のエネルギーに変換したうえで蓄え，使用時に電気エネルギーに戻す必要がある。例えば，揚水発電は余剰夜間電力を使ってダムに水をくみ上げ，電気エネルギーを水の位置エネルギーの形で蓄えているが，その蓄電総量はダムの貯水量と高低差の積分で得られ，GWh級の大規模蓄電も可能である。しかし，電力大量消費地である都市部人口密集地近郊で，大規模な高低差の地形を利用したダムを設置することは通常容易ではない。そもそも水の位置エネルギーでは比容積エネルギー密度がせいぜい1 Wh/L程度で，化学エネルギーの形で蓄える一般的蓄電池の1％にも満たないうえ，使用時にダムに貯めた水の位置エネルギーを電気エネルギーへと再変換する必要があり，その往復で揚水発電によって再利用できる電気エネルギーは70％程度にとどまる。一方，広域自治体単位ではなく，より小規模なビル単位での電力平準化装置としては，蓄電総量の要求が緩和されるため，熱エネルギーとして蓄える氷蓄熱，さらには運動エネルギーとして蓄えるフライホイールがエネルギー貯蔵装置候補として考えられる。さらに蓄電総量としては小さいものの，設置スペースの制約の小さなエネルギー貯蔵装置となると，本章の主題であるバッテリーが主役となる。上述のものに比べ，比容積ならびに比重量エネルギー密度に優れるうえ，電気エネルギーと化学エネルギーとの間

の変換ロスは実質,充・放電過電圧に起因する通電損失のみで,そのエネルギー効率（＝放電エネルギー量／充電エネルギー量）は90％以上も可能なためである。

2　バッテリーの種類

バッテリーとは,狭義には電気化学反応を通じて化学エネルギーの形で電気エネルギーを蓄える装置（化学電池）のことで,使い切りの一次電池と充電することによって多数回再利用できる二次電池（蓄電池）に大別される。また燃料電池は,燃料極（負極）から供給される水素と空気極（正極）から供給される酸素を電気化学反応させて電気を得る起電力1.2 Vの一次電池ではあるが,燃料である水素や酸素を外部から燃料電池に供給しつづけるかぎり,連続発電が可能な反応炉とみなすこともでき,副生成物として水しか出さないクリーンな電源として注目されている。さらに広義には,物理エネルギーを使って起電する太陽電池やアイソトープ電池などの物理電池や,バイオ燃料電池など微生物の有機物分解反応といった生物エネルギーを使って起電する生物電池もある。

3　代表的二次電池

本章で紹介するのは化学電池の中でも充電可能な二次電池である。代表的な二次電池には,**図表5－1**に示すニッケル水素電池やリチウムイオン電池,ナトリウム硫黄電池（NAS電池）があるが,いずれも日本企業が世界に先駆け市販化に成功しており,蓄電池が我が国のお家芸と言われるゆえんとなっている。これらの蓄電池の特徴を分ける最大のポイントは電解液にあり,イオン伝導度の大きなアルカリ水溶液を用いるニッケル水素電池は出力密度（W/kg）に優れ,瞬間的に大電流を流す電動工具やコードレス掃除機等,モーター駆動機器に適している。これに対し,耐酸化電圧の大きな非水溶媒を用いるリチウムイオン電池は4V近い高電圧が得られるため,電池1本でLSIを駆動できる。さらに,市販電池の中でも最も大きなエネルギー密度（Wh/kg）を有するため,携帯電話やノートPC等,LSIを搭載した各種携帯端末の小型軽量化に不可欠

図表 5-1　現行二次電池とポストリチウムイオン電池への技術進化予測

	ニッケル水素電池	リチウムイオン電池	ナトリウム硫黄電池
市販開始	1990年 by 三洋・松下	1991年 by ソニー	2003年 by 日本ガイシ
電解質	KOH 水溶液	非水溶媒	β-アルミナ固体電解質
利点	不燃，安価，高出力密度	高エネルギー密度	レアメタルフリー
欠点	メモリー効果	可燃性，高価，低出力密度	300℃高温動作

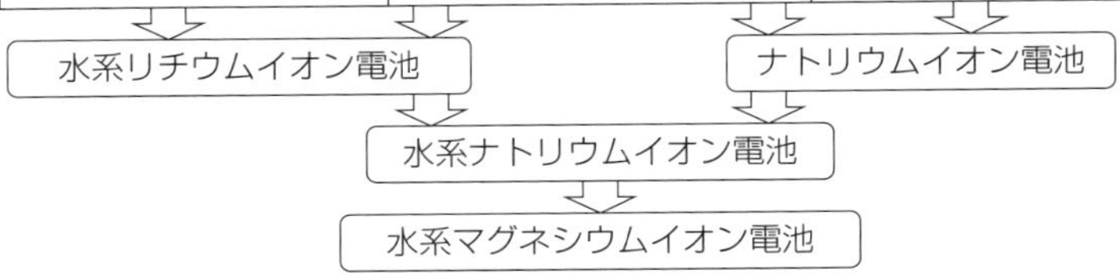

```
         水系リチウムイオン電池              ナトリウムイオン電池
                    水系ナトリウムイオン電池
                    水系マグネシウムイオン電池
```

な戦略部品となっている。一方，β-アルミナという固体電解質を用いるナトリウム硫黄電池は主要電極部材にナトリウムと硫黄を用いることで希少金属を必要とせず，コストパフォーマンス（Wh/¥）に優れる。しかし，電池駆動には約300℃の温度に保持し，ナトリウムと硫黄双方を溶融状態に保つ必要がある。ナトリウム硫黄電池の特徴を生かし，欠点を最小にする用途としては据置定置用大型蓄電池があり，現在，工場や事業所レベルの電力平準化に使われている。

4　リチウムイオン電池の課題

　上述の二次電池3種のうち，**図表5-2**に示すように出荷本数においても出荷額においても最も商業的に大きな成功を収めたと言えるのは，リチウムイオン電池であり，その利用範囲は，従来のWh級携帯情報端末から，より大型のモーター駆動電動バイクや電気自動車等10〜100 kWh級輸送機器，さらには，MWh級の定置用電力平準化電源やアンシラリー市場へと徐々に拡大中で，本来ニッケル水素電池やナトリウム硫黄電池の守備範囲だった領域まで徐々に浸食しつつある。しかし，リチウムイオン電池の大型化に際して最大のネックとなるのは，その経済性と安全性の問題で，これらの欠点を改善したポストリチウムイオン電池の開発が先進各国の産官学軍の研究機関を巻き込んで活発化し

図表 5-2　我が国における2017年の各種電池の市販内訳

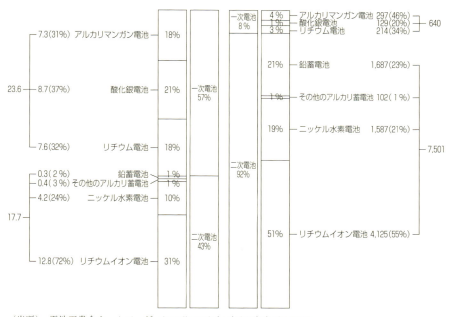

（出所）電池工業会ホームページ　http://www.baj.or.jp/statistics/01.html

ている。我が国でも1980年代から電子立国を支えてきた半導体産業に代わる新たな「産業の米」として，次世代蓄電池の研究開発をターゲットにしたナショナルプロジェクトが経済産業省 NEDO RISING・RISING2，JST ALCA・ALCA SPRING，文部科学省元素戦略プロジェクト等，各省庁の枠組を越えて目下同時進行している状況にあり，蓄電池戦略2012の下，蓄電立国が新たな日本の国家戦略になっている。

5 ポストリチウムイオン電池

ナトリウムイオン電池

　リチウムイオン電池のエネルギー密度とナトリウム硫黄電池のコストパフォーマンスを併せ持つポストリチウムイオン電池候補として，**図表5-1**に示すナトリウムイオン電池があり，これはリチウムイオン電池とナトリウム硫黄電池のハイブリッドといえる。そもそも現行リチウムイオン電池の原型となった層状岩塩型 $LiCoO_2$ 正極の対 Li 充放電プロファイルが最初に掲載された水島 Goodenough 論文の発行は1980年（4月3日受理）であるが，かたやナトリウムイオン電池の原点といえる層状岩塩型 $NaCoO_2$ 正極の対 Na 充放電プロファイルが Hagenmüller グループから報告されたのはそのわずか半年後であった（10月15日受理）。その後，携帯情報端末における小型軽量化の要請から，蓄電池研究の主戦場はエネルギー密度最優先の必然としてリチウムイオン電池一色となっていったが，今日大型蓄電池向けにエネルギー密度よりコストパフォーマンス重視というゲームチェンジ状況を迎えたことで，ナトリウムイオン電池に風向きが変わりはじめた背景がある。

　リチウムの資源寿命は150年程あるとされ，必ずしも喫緊に枯渇が心配される希少金属ではない。しかし，電池に使える高純度のリチウムは主に南米高地に点在する塩湖のかん水からの自然乾燥で得られ，その年産量の上限は塩湖の表面積で制限されることから，世の中の需要にタイムリーに応じた量産ができないうらみがある。資源エネルギー庁のリチウムの需給動向予測（**図表5-3**）によると，2017年以降，EV（電気自動車）の本格普及が始まると途端に需給バランスが崩れ，深刻なリチウム不足に陥るリスクが5年以上前から指摘されていたが，まさにこの予測どおり2016年7月にはリチウム最大の需要国である中国において，リチウムのスポット価格が前年比3倍（19,000ドル/t）にまで高騰するに至っている。今後，中国だけでなく，欧米各国で EV の生産量が急増することに伴い，全世界的なリチウムの需給逼迫状況が年々深刻化することが予想される。一方，**図表5-4**に示すようにリチウムの代わりにナトリウ

図表5-3　リチウムの需給予測

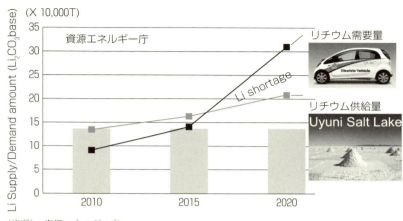

（出所）　資源エネルギー庁

図表5-4　アルカリ金属負極候補比較

負極金属	Li$^+$	Na$^+$	Mg^{2+}
クラーク数	0.006	2.64	1.93
コスト（炭酸塩）	14,200円/kg	1,960円/kg	7,800円/kg
原子量	6.94 g/mol	23.0 g/mol	24.3 g/mol
イオン体積	1.84 Å^3	4.44 Å^3	1.56 Å^3
比重	0.534 g/cm^3	0.968 g/cm^3	1.74 g/cm^3
融点	180.5 ℃	97.7 ℃	650 ℃
標準電極電位	−3.05 V	−2.71 V	−2.38 V
比重量理論容量	3,860 Ah/kg	1,170 Ah/kg	2,200 Ah/kg
比容積理論容量	2.06 Ah/cm^3	1.14 Ah/cm^3	3.83 Ah/cm^3

を用いることで地殻中埋蔵量（クラーク数）の制約が約3桁緩和し，環境負荷を大幅に低減することができる。ただし，ナトリウムはリチウムに対し，標準電極電位が0.3 V以上高くなる（つまり，電池電圧としてはその分低下する）うえ，イオン体積にして2倍以上，原子量にして3倍以上かさばるエネルギー密度上のハンディキャップがある。さらにリチウムインサーション（リチウム挿入）反応を前提にしたリチウムイオン電池用電極活物質は，ナトリウムイオン電池用にはそのまま流用できず，イオン体積が2倍のナトリウムイオンサイ

図表5-5　ナトリウムイオン電池の論文および特許発表件数推移

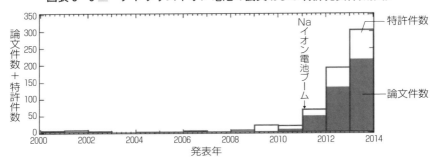

ズにジャストフィットした新たな電極材料設計が求められる。特に2011年福島原発事故以降，大型蓄電池のニーズが社会的に広く認知されたこともあって，高コストパフォーマンスを指向した次世代蓄電池としてナトリウムイオン電池向け新規電極・電解質材料の研究発表件数が急増中である（**図表5-5**）。

① ナトリウムイオン電池正極候補
　(a)　層状岩塩酸化物 $NaFeO_2$

　層状構造を持つナトリウムイオン電池用酸化物正極活物質候補として $NaFeO_2$ がある。**図表5-6** は AMO_2 型岩塩構造の Structure Field マップを示したものであるが，アルカリ金属 A^+ と遷移金属 M^{3+} 両カチオン半径が近いとお互いの占有サイトが結晶マトリックス内で混在することで不規則岩塩構造が安定相になり，アルカリ金属イオンの挿入脱離が阻害されるため，正極としての電気化学的活性が著しく低下する。例えばアルカリ金属がリチウムの場合，そのイオン半径（1価，6配位）は0.76 Åで，3d遷移金属の Fe（3価，6配位ハイスピン状態：0.645 Å）や Ti（3価，6配位：0.67 Å）のイオン半径と近い値をとるため，安価な $LiFeO_2$ や $LiTiO_2$ の層状岩塩相を安定相として得ることは困難である。ところが，アルカリ金属がナトリウムの場合，ナトリウムのイオンサイズが1.02 Åといずれの3d遷移金属3価イオンよりも大きいことが幸いし，$NaFeO_2$ を含めすべての3d遷移金属がアルカリ金属単独層を有する電気化学活性な層状岩塩型 $NaMO_2$ を安定相に持つことができる。**図表5-7**

第 5 章　バッテリー研究開発の最新動向

図表 5-6　AMO$_2$岩塩型構造の Structure Field マップ

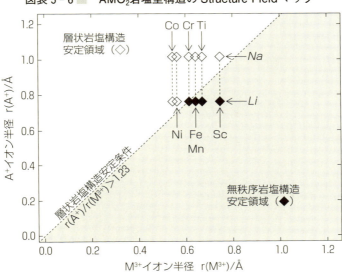

（出所）　機能材料, Vol. 33, No. 6, p.17（2013）

図表 5-7　NaFeO$_2$及びその類縁層状岩塩型酸化物正極活物質の対 Na 充放電プロファイル

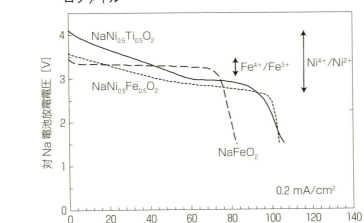

（出所）　機能材料, Vol. 33, No. 6, p.17（2013）

は，通常の固相合成法によって得られたNaFeO$_2$およびその類縁層状岩塩型酸化物正極活物質の対Na充放電プロファイルの例で，LiCoO$_2$類似の充放電プロファイルが得られている。この対Na3.3V放電電圧は，対Liで換算すると現行リチウムイオン電池用正極LiCoO$_2$同様，約4Vに相当する。充電に伴い，ハイスピン状態の鉄3価から鉄4価に酸化されることが，メスバウア測定により検出され，この3.3V充放電プロファイルがFe^{3+}/Fe^{4+}レドックスに起因することが確認されている。

(b) パイライト型硫化物FeS$_2$

三次元頂点共有のパイライト型FeS$_2$は，リチウムだけでなくナトリウムに関しても大容量可逆コンバージョン反応(**図表5-8**)を示す興味深い系である。当初Kimらは，FeS$_2$が(1)式で記述される対Liコンバージョン反応同様，対Naに対して(2)もしくは(3)式のようなコンバージョン反応すると想定していた。

$$FeS_2 + 4Li^+ + 4e^- \rightleftarrows Fe + 2Li_2S \tag{1}$$
$$FeS_2 + 4Na^+ + 4e^- \rightleftarrows Fe + 2Na_2S \tag{2}$$
$$FeS_2 + 2Na^+ + 2e^- \rightleftarrows Fe + Na_2S_2 \tag{3}$$

図表5-8 パイライト型FeS$_2$正極の対Na充放電プロファイル

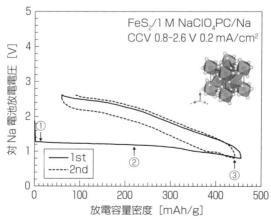

(出所)『図解 革新型蓄電池のすべて』第2章10節。オーム社（2011）

しかし,最近,硫黄 K 端 XANES 測定により,充放電過程を追跡したところ,最初の2Naまでの反応では,(4)式に示すように鉄の価数は初期状態から2価のまま変化せず,代わりに $(S-S)^{2-} \rightleftarrows 2S^{2-}$ という硫黄のアニオンレドックスによって電荷中性を保っていることが XPS にて明らかにされた(**図表5-9**)。さらに2Na以上放電反応を続けるとようやく Fe の $2p_{2/3}$ 結合エネルギーが710 eVから707 eVへ低下しはじめ,鉄2価から0価への還元が認められた。放電後の XRD にて放電生成物として Na_2S_2 ではなく Na_2S が検出されたことからも,その全充放電反応式は(5)の4電子反応であることが確認されている。

$$Fe^{2+}(S-S)^{2-} + 2Na \rightleftarrows Na_2Fe^{2+}(S^{2-})_2 \qquad (理論放電容量:447\ mAh/g) \quad (4)$$

$$Fe^{2+}(S-S)^{2-} + 4Na \rightleftarrows Fe^{0+} + 2Na_2S \qquad (理論放電容量:893\ mAh/g) \quad (5)$$

図表5-9 FeS_2正極の充放電に伴う硫黄 K 端の XANES スペクトル変化

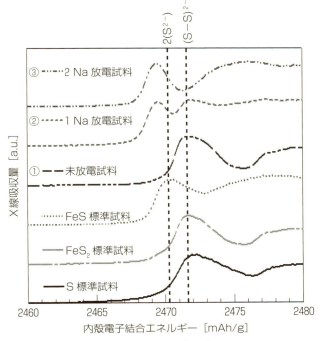

(出所)工業材料,Vol. 62,No. 5,p.51(2014)

FeS_2 は,鉄系でナトリウムとコンバージョン反応が可能なため,低コストと大容量の両立が可能という意味で興味深い正極材料である。しかも,この系は従来の $LiFePO_4$ などの鉄系正極と異なり鉄2価/3価の1電子酸化還元反応を使っていない。裏を返せば,コンバージョン系正極の中心金属はことさら遷移金属でなくても構わないことを示唆する結果といえる。

(c) フッ素化ポリアニオン系 $Na_3V_2(PO_4)_2F_3$

 ハードカーボンのようなナトリウムを持たない負極とイオン電池を組む場合,正極はナトリウム源としての機能も果たす必要がある。さらにイオンサイズの大きなナトリウムに対して,大きな拡散のボトルネックを確保したインサーションホストを設計しようとするとどうしても二次元層状構造か,さもなければ三次元頂点共有骨格主体の嵩高いマトリックスを組む必要がある。となると,頂点共有の連結子として機能するナトリウム含有 PO_4 リン酸ポリアニオン系が有力候補となる。ナシコン型 $Na_3V_2(PO_4)_3$ や Na_2FePO_4F など,この条件を満たす正極候補は複数あるが,その中でも現在最も良好な充放電特性を示しているのが,$Na_3V_2(PO_4)F_3$ である。この系は,当初リチウムイオン電池用正極として報告された系であるが,今回一連の $Na_3M_2(PO_4)F_3$ (M = V, Ti, Fe) を検討した

図表5-10 $Na_3V_2(PO_4)F_3$ 正極/ハードカーボン負極構成のナトリウムイオン電池の充放電特性(左図)と参考文献の量子計算による電圧予測結果(右図)の比較

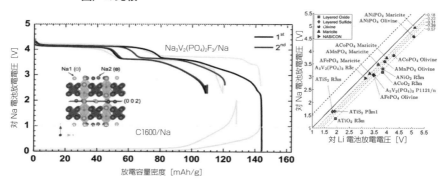

(出所) 工業材料,Vol. 62, No. 5, p.51 (2014)

結果，電気陰性度の高いフッ素添加効果もあって，$Na_3V_2(PO_4)F_3$で対Na4V級の高電圧放電平坦部が初めて見出された。

この結果はこれまでのCederらによる量子計算での予測電圧より1V近く高い電圧であり，特に，ハードカーボン負極とのナトリウムイオン電池構成でも現行リチウムイオン電池と電圧互換性を維持できる初めてのナトリウムイオン電池用高電圧正極として注目される（図表5-10）。

(d) 有機系ロジゾン酸2ナトリウム $Na_2C_6O_6$

前述のポリアニオン系のように嵩高いマトリックスがナトリウム向けホストとして有望ならば，もっと嵩高い有機系正極も同様に有望なはずである。今までリチウムイオン電池では嵩高すぎて比容積エネルギー密度が稼げず実用化されることのほとんどなかった有機系正極は，ゲストイオンサイズが大きなナトリウムイオン電池でこそ，その真価を発揮する余地がある。しかも，有機分子は大きなナトリウムがインサーションすることで，マクロな有機分子の結晶性が損なわれても，個々の有機分子単体自体が壊れないかぎり，可逆なホストゲスト機能が維持できるとの期待がある。我々が最初に着目した有機系正極は副反応を起こす原因となる硫黄や水素を一切含まない$Li_2C_6O_6$である。この系は，カルボニル基のケト-エノール互変異性を使った充放電機構で可逆動作し，活性中心であるC＝O二重結合を分子内に高密度に内包していることがその大容量の決め手となっている。実際，リチウムイオン電池用正極として500 mAh/gを超える大容量が報告されているが，今回このリチウムをナトリウムに置き換えた無水ロジゾン酸二ナトリウム$Na_2C_6O_6$を使うことで，初期充電によりナトリウム源としても機能できるのではとの期待もあった。$Na_2C_6O_6$：AB：PTFE＝70：25：5（重量比）の正極ペレットでの充放電試験の結果，残念ながら2Naの初期充電は不可能だったものの，放電方向には約2.4Naの充放電に相当する300 mAh/gもの大きな可逆容量が得られ（図表5-11），さらに導電剤を添加しない圧着ペレット正極でも100 mAh/g程度の2V放電が可能であることが明らかとなった。

さらに，最近テレフタル酸二ナトリウム$Na_2C_8H_4O_4$など，π電子系のナトリウムイオン電池用負極も見つかっており，レアメタルフリーを越えてナトリウ

図表5-11 無水ロジゾン酸ニリチウム $Li_2C_6O_6$ 正極の対Li充放電プロファイル（左図）および無水ロジゾン酸ニナトリウム $Na_2C_6O_6$ 正極の対Na充放電プロファイル（右図）

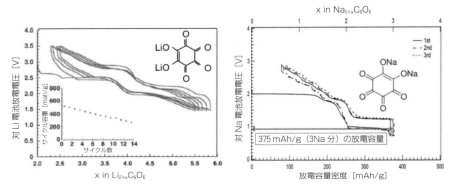

（出所）『リチウムイオン2次電池の革新技術と次世代2次電池の最新技術』第2章，技術教育出版（2013年）

ム以外の金属を含まないメタルフリー電池実現の可能性も見えてきている。

② ナトリウムイオン電池負極候補

　リチウムイオン電池用負極の主流として最も単純な二次元物質である黒鉛が実用化され，市場で大きな成功を収めているが，イオンサイズの大きなナトリウムに対してはほとんど電気化学的活性を示さないことが知られており，ナトリウム向け炭素系負極候補はもっぱら層間距離の大きな非黒鉛構造を有する無定形炭素を中心に探索されてきた。そんな中，最近になってクレハのカーボトロンPで250 mAh/g，住友化学のハードカーボン1,600℃熱処理品で300 mAh/g以上もの安定した可逆容量が見つかるに至り，リチウムイオン電池のアナロジーとしてナトリウムイオン電池の現実味が一気に増してきた感がある。

　一方，非炭素系負極では，リチウムイオン電池においてインサーション型負極である $Li_4Ti_5O_{12}$ スピネル酸化物系，大容量Si合金系，さらにはSiO酸化物系負極の実用化が部分的ながらすでに始まっているが，ナトリウムイオン電池においても $Li_4Ti_5O_{12}$ スピネルや大容量を指向したコンバージョン型負極の $NiCo_2O_4$ スピネル，Sn合金系，SnO酸化物系，リン化物系等，リチウムイオ

ン電池のこれまでの研究の歴史をなぞる形でナトリウムイオン電池用負極の研究が急進展しており，特に，ナトリウムのコンバージョン反応や合金反応は，ナトリウムイオン電池のエネルギー密度上のハンディキャップを一気に挽回する切り札として期待されている。しかし，ナトリウム系での負極体積変化はそのイオン体積ゆえにリチウム系より大きく，その対策はより深刻にならざるを得ない。さらに，ナトリウムと合金を作りうる元素の選択肢がリチウムに比べ，$Na_{15}Pb_4$（484 mAh/g），Na_3Sb（660 mAh/g），$Na_{15}Sn_4$（847 mAh/g），Na_3Ge（1,108 mAh/g），Na_3P（2,560 mAh/g）に実質上限られ，ナトリウムイオン電池用負極材料開発のハードルはリチウム系以上に高い面があるのも事実である。

水系リチウムイオン電池

　負極の脱リチウム化と正極の脱コバルト化に続き，リチウムイオン電池の低コスト化の鍵を握るのは，電解液の脱非水溶媒化である。電解液を水溶液系にすることで，低コスト化のみならず，高レート化，不燃化も期待できるため，現行リチウムイオン電池の三大課題を一気に解決できる可能性を秘めている。しかし，その反面，非水溶液に比べ，水の電位窓が狭いことが正負極活物質の選択において大きな制約となる（**図表5-12**）。つまり，熱力学的には，水系電池における正負極活物質は，**図表5-13**左図に示す水の電位－pH線図において，水が安定に存在できる酸素発生電位と水素発生電位の式の間の約1.2 Vの電位窓の中にそれぞれのレドックス電位が位置する必要がある。加えて，正負極活物質には充放電を通じて水に溶解しない化学的安定性も要求される。

　最初に水系リチウムイオン電池の可逆動作が報告されたのは1994年で，その時$LiMn_2O_4$とVO_2が正負極にそれぞれ使用された。その後，本研究室では，

図表5-12　水系と非水系電解液比較

電解液溶媒	水系	非水系
電池電圧	1～2 V	3～4 V
安全性	難燃性	可燃性
経済性	低価格	高価格
伝導度	10^0～10^{-2} S/cm	10^{-2}～10^{-4} S/cm

図表 5-13 水の電位窓（左図）と LiFePO$_4$ と LiTi$_2$(PO$_4$)$_3$ のレドックス電位の位置関係（右図）

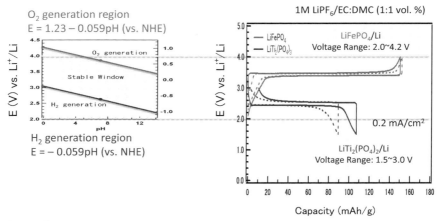

（出所）『ナトリウムイオン二次電池の開発と最新技術』第3編第1章，技術教育出版（2015年）

充放電電位が平坦で充放電過電圧も小さな二相平衡反応系ポリアニオン正極に着目し，オリビン型 LiFePO$_4$ とナシコン型 LiTi$_2$(PO$_4$)$_3$ を正負極に使った水系リチウムイオン電池の可逆動作に成功している。

③ 水系ナトリウムイオン電池

　上述の水系リチウムイオン電池は最も安価な遷移金属である鉄を正極レドックスに，2番目に安価なチタンを負極レドックスに用いた水系電池であるため材料コスト的には魅力的であるが，水の電位窓のために，たかだかセル電圧が1.2 V 程度しか取れない水系電池にことさら高起電力のリチウムを使う意味はない。低コスト化を狙ううえでは水系電池こそ，ナトリウムイオン電池にする必然がある。2010年にカーネギーメロン大グループは Na$_{0.44}$MnO$_2$ と活性炭を正負極に使った水系ナトリウムイオンエネルギーストレージデバイスを提案し，その翌年には，その製品化のためのスピンオフベンチャー，Aquion Energy を設立している。エネルギーストレージデバイスとは聞き慣れない表現であるが，その中身は正極側では，Na$_{0.44}$MnO$_2$ へのナトリウムの可逆な挿入脱離というインサーション型電池反応を用いているのに対し，負極側は活性炭への硫酸アニ

オンの吸脱着型キャパシタ反応を用いたいわゆるハイブリッドキャパシタと理解できる。その反応は電解液消費型であるため，セル容量は水系電解液中に溶かした電解質塩 Na_2SO_4 の濃度，すなわち硫酸アニオン濃度により規制され，例えば1規定 Na_2SO_4 水溶液の場合には54 mAh/g（この分母は電極ではなく，電解液の重量である）が理論的上限になる。この上限値を打破して容量をさらに増加させるためには，正負極ともナトリウムと挿入脱離反応するレドックス電極でセルを組み，電解液非消費型にすることが不可欠である。2011年に我々のグループからナシコン型 $NaTi_2(PO_4)_3$ 負極が水系ナトリウムイオン電池のインサーション型負極として機能しうることが見いだされたことにより，**図表5-14**に示すようなさまざまな水系ナトリウムイオン電池のフルセルを組むことができるようになった。さらに水系電解液中でも安定に可逆動作するポリアザアセンジオン系有機負極が見つかるなど，水系ナトリウムイオン電池の顔ぶれが徐々に増えつつある。最近では**図表5-1**に示した電池進化の最終目標としていた水系マグネシウムイオン電池が，不規則岩塩型 $MgMnO_2$ 正極とジアザアントラキノン負極の組み合わせで動作確認されるに至っている。

図表5-14　水系ナトリウムイオン電池の報告例

著者	発表年	正極	負極	電解液
J.F. Whitacre	2010	$Na_{0.44}MnO_2$	Active carbon	1 M Na_2SO_4aq.
S.-I. Park	2011	Zn	$NaTi_2(PO_4)_3$	2 M Na_2SO_4aq.
S. Okada	2011	$Na_{0.44}MnO_2$	$NaTi_2(PO_4)_3$	2 M Na_2SO_4aq.
M.M. Doeff	2012	Na_2FePO_4F	$NaTi_2(PO_4)_3$	Na_2SO_4+NaOH aq.
W. Wu	2012	$Na_{0.44}MnO_2$	$NaTi_2(PO_4)_3$	2 M Na_2SO_4aq.
Y. Jung	2012	$Na_{2.7}Ru_4O_9$	$NaTi_2(PO_4)_3$	1 M Na_2SO_4aq.
R. Huggins	2012	$NaCuFe(CN)_6$	Polypyrrole/carbon	1 M $NaNO_3$aq.
K. Chihara	2014	Zn	Polyaza-acenedione	2 M Na_2SO_4aq.
K. Nakamoto	2016	$Na_2FeP_2O_7$	$NaTi_2(PO_4)_3$	2 M Na_2SO_4aq.

（出所）『ナトリウムイオン二次電池の開発と最新技術』第3編第1章，技術教育出版（2015年）

6 まとめ

　ナトリウムや鉄を主成分にエコフレンドリーな大型蓄電池の実現を図るこの戦略は，鉄やナトリウム，カルシウムのイオンチャンネルでエネルギー代謝，神経伝達系を司る生物と期せずして同じ元素戦略である。本章にて紹介した正極系が日の目を見るか否かは今後の研究の進展に待たなくてはならないものの，コストパフォーマンスにアドバンテージを持つ水系ナトリウムイオン電池や，さらにその先にある水系マグネシウムイオン電池等，水系多価カチオン電池への研究展開が，今後ますます注目されるところである。

■参考文献

A. Kitajou, J. Yamaguchi, S. Hara, and S. Okada (2007), *J. Power Sources*, 247, 391.
C.K. Chan, H.L. Peng, G. Liu, K. McIlwrath, X.F. Zhang, R.A. Huggins, and Y. Cui (2008), *Nat. Nanotechnol.*, 3, 31.
E. Strauss, D. Golodnitsky, K. Freedman, A. Milner, and E. Peled (2006), *J. Power Sources*, 115, 323.
H. Chen, M. Armand, G. Demailly, F. Dolhem, P. Poizit, and J.-M. Tarascon (2008), *ChemSusChem.*, 1, 348.
H. Yamamura, K. Nobuhara, S. Nakanishi, H. Iba, and S. Okada (2011), *J. Ceramic Soc. Japan*, 119, 855.
J. Zhao, L. Zhao, K. Chihara, S. Okada, J. Yamaki, S. Matsumoto, S. Kuze, and K. Nakane (2013), *J. Power Sources*, 244, 752.
J.F. Whitacre, A.D. Tevar, and S. Sharma (2010), *Electrochem. Commun.*, 12, 463.
J.J. Braconnier, C. Delmas, C. Fouassier, and P. Hagenmuller (1980), *Mater. Res. Bull.*, 15, 1797.
J. Zhao, L. Zhao, N. Dimov, S. Okada, and T. Nishida (2013), *J. Electrochem. Soc.*, 160, A3077.
K. Chihara, A. Kitajou, I.D. Gocheva, S. Okada, and J. Yamaki (2013), *J. Power Sources*, 227, 80.
K. Chihara, N. Chujo, A. Kitajou, and S. Okada (2013), *Electrochim. Acta*, 110, 240.
K. Mizushima, P.C. Jones, P.J. Wisemann, and J.B. Goodenough (1980), *Mat. Res. Bull.*, 15, 783.
K. Nakamoto, Y. Kano, A. Kitajou, and S. Okada (2016), *J. Power Sources*, 327, 327.
M.D. Slater, D. Kim. E. Lee, and C.S. Johnson (2013), *Adv. Funct. Mater.*, 23, 947.
M.M. Doeff, M. Shirpour, and J. Cabana (2012), Abstract of PRiME 2012, #1831.
M.S. Dresselhaus (1981), *Adv. Phys.*, 30, 139.
N. Recham, J.-N. Chotard, L. Dupont, K. Djellab, M. Armand, and J.-M. Tarascon (2009), *J. Electrochem. Soc.*, 156(12), A993.
R. Alcantara, J.M. Jiménez, and J.L. Tirado (2002), *J. Electrochem. Soc.*, 149, A201.
R. Alcantara, P. Lavela, G.F. Ortiz, and J.L. Tirado (2005), *Electrochem. Solid-State Letters*, 8, A222.

R.K.B. Gover, A. Bryan, P.Burns, and J. Barker (2006), *Solid State Ionics*, 177, 1495.

R. Huggins (2013), Abstract of IBA.

S.P. Ong, V.L. Chevrier, G. Hautier, A. Jain, C. Moore, S. Kim, X. Ma, and G. Ceder (2011), *Energy & Environ. Sci.*, 4, 3680.

S. Komaba, W. Murata, T. Ishikawa, N. Yabuuchi, T. Ozeki, T. Nakayama, A. Ogata, K. Gotoh, and K. Fujiwara (2011), *Adv. Funct. Mater.*, 21, 3859.

S. Komaba, Y. Matsuura, T. Ishikawa, N. Yabuuchi, W. Murata, and S. Kuze (2012), *Electrochem. Commun.*, 21, 65.

S.-I. Park, I.D. Gocheva, S. Okada, and J. Yamaki (2011), *J. Electrochem. Soc.*, 157, A870.

S. Okada, S.-I. Park, K. Nakamoto, and J. Yamaki (2011), 220th ECS Meeting Abstract, 297.

T.B. Kim, J.W. Choi, H.S. Ryu, G.B. Cho, K.W. Kim, J.H. Ahn, K.K. Cho, and H.J. Ahn (2007), *J. Power Sources*, 174, 1275.

T. Ozuku, A. Ueda, and N. Yamamoto (1995), *J. Electrochem. Soc.*, 142, 1431.

W. Li, J.R. Dahn, and D.S. Wainwright (1994), *Science*, 264, 1115.

W. Wu, A. Mohamed, and J.F. Whitacre (2012), Abstract of PRiME 2012, #1859.

X. Liu, T. Saito, T. Doi, S. Okada, and J. Yamaki (2009), *J. Power Sources*, 189, 706.

Y.-C. Lu, C. Ma, J. Alvarado, T. Kidera, N. Dimov, Y.-S. Meng, and S. Okada (2015), *J. Power Sources*, 284, 287.

Y. Jung, S. Hong and D. Kim (2012), Abstract of PRiME 2012, #1864.

Y. Kawabe, N. Yabuuchi, M. Kajiyama, N. Fukuhara, T. Inamasu, R. Okuyama, I. Nakai, and S. Komaba (2011), *Electrochem. Commun.*, 13, 1225.

Y. Kim, Y. Park, A. Choi, N.S. Choi, J. Kim, J. Lee, J.H. Ryu, S.M. Oh, and K.T. Lee (2013), *Adv. Mater.*, 25, 3045.

Y. Uebou, T. Kiyabu, S. Okada, and J. Yamaki (2002), *The Rep. Inst. Adv. Mater. Study*, 16, 1.

大島敏史，智原久仁子，岡田重人（2013）第50回化学関連支部合同九州大会。

黒田雄太，原聡，小林栄次，岡田重人，山木準一（2010）電気化学会第77回大会講演要旨集，3C06，90。

坂本遼，中本康介，喜多條鮎子，的田達郎，岡田重人（2017）第57回電池討論会，2D17。

武田保雄（1993）「第4章　金属元素の化合物Ⅱ」，『実験化学講座16　無機化合物（第4版）』，丸善，328頁。

智原久仁子，伊藤正人，中本康介，加納佑輔，岡田重人，永島英夫（2014）電気化学会第81回大会。

電池工業会ホームページ　http://www.baj.or.jp/statistics/01.html（2015年9月9日　最終アクセス）。

第6章 地域のための小水力

1 はじめに

　九州大学大学院工学研究院では，2014年11月に「小水力エネルギーPJ 研究コア」を立ち上げた。このコアは，2010年に採択された「I／Uターンの促進と産業創生のための地域の全員参加による仕組みの開発」JST（科学技術振興機構）の研究成果を発展させたものである。

　宮崎県五ヶ瀬町，糸島市白糸の滝，福岡市，朝倉市，佐賀市三瀬町，兵庫県淡路島等，各地の小水力エネルギー導入に関わりながら，小水力技術の高コスト体質，地域における発電主体の形成の難しさ，規模は小さくとも組み合わせ技術であることから導入は多くの知識が必要で難しいことなどを実感してきた。また，海外においてはインドネシアにおいて，安価で優れた技術を持つインドネシア小水力アソシエーションとの共同研究にも取り組んできた。

　小水力コアは，これらの実績を背景に現実のプロジェクトを対象として，実践的な研究を行う中で技術を高め，地域のための小水力発電施設の導入を進めるために，国際的な展開も視野に入れて立ち上げたものである。

　小水力発電の導入には，河川工学，土木工学，機械工学，電気工学，電力システム工学等の横断的な工学知識に加え，人文社会学的要素あるいは水利権に関する歴史的要因も関わる総合的・学際的視点からのアプローチが求められる。

　小水力コアは，「適正技術開発」，「社会的合意形成」，「国際連携」の3部門から成り，国内外の小水力ネットワークを構築し，下記の研究開発を行っている。

① 地域や自然条件に合わせた小水力発電の適正技術について，実際のプロ

ジェクトを対象とした研究開発を行っている。
② 地域のための小水力を導入するための社会的合意形成手法について実際のプロジェクトを対象とした研究開発を行っている。
③ 「民・官・学」が協力し，小水力発電所の具体的な導入・設置プロジェクトをケーススタディとした実践研究開発の機会を提供し，共同研究を実施する。現在，佐賀県と研究を実施している。
④ 「インドネシア小水力アソシエーション」との連携を基盤として，インドネシアを中心とした ASEAN 地域，環インド洋地域への小水力技術移転，小水力地域づくりの国際共同研究を行っている。

あわせて2013年に九州大学では社会的ベンチャー企業として㈱リバー・ヴィレッジを設立した。小水力発電導入に際して，地域主体の形成，資金調達，発電事業者の設計，地域のための仕組みの構築，適正技術の導入など，小水力コアのミッションと同じ目的を持った企業であり，小水力コアと二人三脚で「地域のための小水力」を進めている。

2　小水力発電導入時の課題

2010年度の環境省の調査では，日本における中小水力発電（河川部と農業用水路，3万kW以下）の導入ポテンシャルは22,298地点と推計されている。2012年7月から固定価格買取制度が導入され，制度的な後押しも始まったことから大幅導入が期待された。しかし太陽光発電の導入は大きく進んだものの，その他の再生可能エネルギー発電の導入はほとんど進んでいない。2012年7月から2014年3月までの1年9ヶ月に運転を開始した小水力発電所はわずか40件であり，このペースでは全量導入に1,000年以上かかることが予測される。

導入が進まない原因として，①河川法や土地改正法，電気事業法などの法的手続が困難であるという制度上の課題，②合意形成や主体形成の課題，③施設の導入時の課題，が考えられる。

①の制度上の課題に関しては，利害関係の調整や法的手続が簡素化される動きがある。農業用水の活用に向けては，水利使用の権限が国土交通大臣から都道府県知事等へ移譲され，すでに水利使用の許可を得ている農業用水などを利

用した小水力発電（従属発電）が許可制から登録制になるなど，河川法に関わる手続が簡素化された。また，主任技術者の選任に関する要件（電気事業法，経済産業省）も緩和された。民間企業でも小水力導入の法的手続をサポートする動きが見られる。

②については，宮崎県五ヶ瀬町において，再生可能エネルギー導入の合意形成と主体形成を行うための活動を行った。地域住民の心に響く小水力の導入手順を考え，説明を展開することによって，地域住民の関心が徐々に醸成されていき，小水力発電導入の主体を地域で形成することに成功した。また，地域を主体とした小水力発電の導入を推進するためには，地域住民が感じている地域課題を抽出すること，抽出課題を再生可能エネルギーの導入を通じて解決するシナリオを構築すること，協働の学習プロセス（小水力デモンストレーションなど）を設けながらプロジェクトを進行することの3つが重要であることが明らかとなっている。

このように①と②に関しては実践的な研究構築が多いが，小水力発電を地域に導入する際，③の導入技術の研究は不足している。

3　小水力発電の仕組み

小水力発電の定義は国によって異なるが，一般的には1,000 kWh 以下とされているが，1,000 kWh というとやはり大きな規模であり，私たちが扱っていこうとしている，地域のための小水力発電は概ね200 kWh 以下である。この規模になると，水源は中小河川や農業用水路が主で，流れ込み式（大規模なダムを持たない場合）が大部分である。ダムを対象とする場合は砂防ダムあるいはダムの維持流量放流を対象とする場合があるが，それらが河川生態系などへ与える環境への影響はそれほど大きくはない。

水車の設置場所としては川や水路にそのまま水車を設置するオンサイト型と川や水路からいったん取水し，水車を陸地に置くオフサイト型の2つに分けられる。主流はオフサイト型である。

仕組みは，水の力で水車を回し，回転速度を調節し，発電機を回して発電し，電気を調節し，配電あるいは系統に連携するという仕組みである。水の運動エ

図表6-1　水車発電の仕組み（白糸の滝）

（出所）　筆者作成

ネルギーや位置エネルギーを回転のエネルギーに変えて発電する（**図表6-1**）。

発電の式は一般に

　　発電量＝落差（本当はエネルギー）×流量×効率であらわされる。

$$P(\mathrm{kw}) = Q(\mathrm{m^3/s}) \times H(\mathrm{m}) \times g(\mathrm{m/s^2}) \times \rho(\mathrm{kg/m^3}) \times \eta$$
　　発電量　　　流量　　　　落差　　　重力加速度　　　　密度　　　　発電効率

　したがって，落差と流量が大きいところ，あるいはどちらかが大きいところが適地となる。落差の代わりに流速をエネルギーとして与えることができるが，流速のエネルギーは小さいので落差の確保は重要である。例えば流速1 m/sは落差5 cm相当であり，5 m/sでも1.25 mの落差にしか相当しない。

　水車の種類によって落差や流量に得意不得意がある。

4 水利権とは

　ここでは，小水力発電を行う際にしばしば話題となる水利権について説明する。水利権とは，「河川の流水を占用し，流水を排他的に利用する権利」のことで，慣用的な呼称であり，法律上の呼び方ではない。

　河川法では23条に「（流水の占用の許可）河川の流水を占用しようとする者は，国土交通省令で定めるところにより，河川管理者の許可を受けなければならない。」とある。

　新たに水利権を得るためには流水の占用の許可が必要であるが，河川法成立（明治29年）以前に河川から取水を行っていたものは，許可があったものとみなされ慣行水利権と呼ばれている。

　水利権は権利の安定性により，安定水利権，豊水水利権，暫定豊水水利権に分けられる。安定水利権とは，10年に１度の渇水時（基準渇水年と呼ばれる）においても１年を通じて，安定的に取水する権利を有する水利権である。豊水水利権とは，ある一定以上の流量時に取水する権利を有する水利権で，発電水利権は豊水水利権に該当する。ここでの豊水とは基準渇水年の流量を上回る流量のことであり，水文学でいう豊水流量とは異なることに注意が必要である。暫定豊水水利権とは豊水水利権のうちダム建設までの間など，期間が限定された水利権である。

　小水力発電と大規模な水力発電が水利権という面から異なる点は，①小水力発電は流れ込み式発電が主流であり，大規模な貯留を行う水力発電と異なり，発電による流況の変化は減水区間にほぼ限定され，下流の水利権者との調整が容易である。②小水力発電の場合，受益者と流域の地域社会との関係が密接であり，社会的な摩擦は大規模な水力発電施設ほど大きくない。という特徴を有する。すなわち，発電の主体が地域である場合には，小水力発電は伝統的な水利権秩序と類似の性格を持つ。一方，小水力発電の主体が地域ではない場合には，摩擦は大きくなると予想される。

　また，これまで水利権が厳格に運用されてきたため，既存の伝統的な地縁的な水利秩序が保たれてきている。筆者らは，小水力発電は中山間地を活性化さ

せる重要な自然資源であり，地域のために活用することが重要であることを提唱しているが，中山間地に水が収奪されずに残っているという事実から，これまでの水利権運用の結果が功を奏していることを感じている。

国土交通省では国民の自然エネルギーへの関心が高まる中，農業用水や水道用水など，すでに水利使用の許可を得ている水を利用して水力発電（いわゆる「従属発電」）を行う場合には，許可手続に必要な書類等の簡素化が図られている。

また，川の水のすべての量を人間が利用できるわけではなく，一定の流量は環境を保持するための流量として流す必要がある。この流量は維持流量と呼ばれているが，貯水池を持たない流れ込み式の発電の場合は，雨が降ると取水量以上の水は川をそのまま流下するため，減水が生態系へ及ぼす影響は平常時のみ，かつ減水区間のみとなる。生態系の維持には洪水時の流量も重要であるため，流れ込み式取水の場合はこれまでの研究で取水量の70％程度までは生態系に大きな影響は出ないことが明らかになっている。

5 地域のための小水力とは？

ミッシングリンク

例えば人の一生と社会との関係を見ると，赤ちゃんとして生まれ，保育園や幼稚園に行き，小学校・中学校に通い高等教育を受け，就職し，結婚し，子供を産み，老後を迎え，死を迎える。それぞれの世代には必要な施設があるが，中山間地の過疎地帯ではそれらのいくつかが抜けてしまう。例えば子供を産む場所がないとか，結婚式場がないとか，総合病院がないのである。このような施設が欠けることにより，人生の連環はうまく描けない。

ここでは，社会において必要な要素が欠けることをミッシングリンクと呼ぶ。社会的にうまくいかなくなっているということは，社会が円滑に営まれるための連環のどこかが欠落していると考える。すなわち，生物史でいう化石のミッシングリンクに該当する事象が発生しているのではないかと考える。地域の持続可能性とは，このミッシングリンクをつなぎながら，人が豊かに幸せに生き

ていくことができる新しい社会，都会から農山村へ人が移動したいと思う社会の構築を行うことと考えてもよいであろう。

さてそこで，小水力発電を地域で進めるためのミッシングリンクとは何であろうか？

小水力発電を地域の主体によって導入するときの理想的なプロセスを考える。そのうえで，小水力発電導入のための社会的障壁となっている事象やミッシングリンクを洗い出し，そこをどのように補えばよいのかを整理する。

地域が主体となった小水力発電は地域に根ざしたものであり，水利権など地域の権利をある意味で活用するものであるため，地域住民の合意形成が出発点となる。次に，流量観測や環境評価を行い，発電ポテンシャルを評価し，適正地点と発電計画を策定する。この行為のことを私たちは「川見分け」と呼んでいる。並行して，事業主体を形成し，資金を集め，手続をクリアする。ここにはクリエイティブなアイデアが求められる。以上のプロセスを経てようやく，水力発電システムを製作し，施工・運用の開始に至る。

五ヶ瀬町におけるヒアリングと事例調査の結果，小水力発電を地域で導入するにあたっては次の4点が欠落し，小水力発電のミッシングリンクになっている。

① ポテンシャルの評価や適正な発電計画策定を行える人材が極端に不足していること
② 発電事業では，開発者が権利を得るため，地域の利益となる発電所設置のためには，資金集めの方法に工夫がいること
③ 水力発電システムは，受注生産であり，コストが高く，納期も長いこと
④ すべてのプロセスがつながっておらず，合意形成から施工，運用までをトータルにマネジメントできる人材（あるいは組織）がなく，水力発電所が完成した後には，水路の管理，取水口の清掃，広報・取材対応や見学対応，トラブル対応やリスク管理など総合的な維持管理システムの構築が必要となること（**図表6-1**）。

❷ 地域で資金を循環させる

図表6-2に宮崎県五ヶ瀬町を対象に1,000 kWの水力発電施設を建設した時

第6章 地域のための小水力

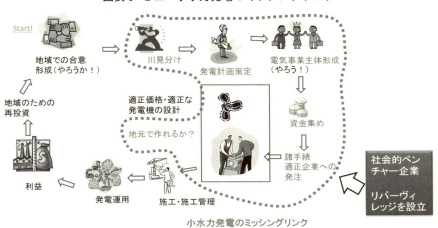

図表6-2　小水力発電のミッシングリンク

のお金の流れを示した。一番上が現状で，五ヶ瀬町では現在，電気代として年間3.5億円程度が，町外に流出している。もしも，町内に1,000 kWの小水力発電施設を町外の業者が建設した場合，投資額はおよそ10～15億円程度であるが，年間の売電額の2％が一般的に町内に支払われるため，約400万円が町内に還元される。一方，町内の事業者が建設した場合，電気代が毎年2億円程度町内に入ることになる。元本の返済，利子支払いなどがあるが，年間数千万円の域内への収入となる。このように，地域内で発電を行うことは大きな経済効果を生むことがわかる。

　中山間地にとって，残された貴重な資源である自然エネルギー開発はなるべく，地域が主体となって事業者になることが必要である。しかしながら，ほとんどの自治体は自然エネルギーの導入のための条例は持っているものの，地域のためのエネルギーという視点は弱い。湖南市ではこのような状況を改善するために「湖南市地域自然エネルギー基本条例」（2012年9月21日施行）を全国に先駆けて制定した。図表6-3に示すように，地域が主体となった取り組み，持続可能性などをうたった優れた条例であり大変参考になる（図表6-4）。

図表6-3　五ヶ瀬町での地域での資金の循環

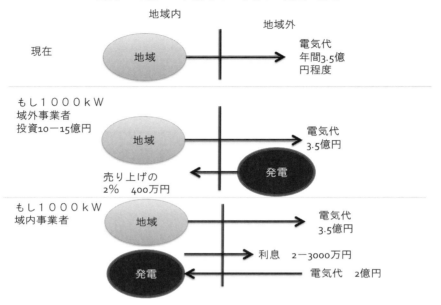

図表 6 - 4　「湖南市地域自然エネルギー基本条例」（2012年 9 月21日施行）抜粋

湖南市地域自然エネルギー基本条例

前文
　東日本大震災とこれに伴う世界に類をみない大きな原子力発電所事故は，わが国のまちづくりやエネルギー政策に大きな転換を余儀なくしました。これからのエネルギー政策について新たな方向性の確立と取り組みが求められています。
　湖南市では，全国に先駆けて市民共同発電所が稼動するなど，市民が地域に存在する自然エネルギーを共同で利用する先進的な取り組みが展開されてきました。
　自分の周りに存在する自然エネルギーに気づき，地域が主体となった自然エネルギーを活用した取り組みを継続的に進めていくことが大切です。
　わたしたちは，先達が守り育ててきた環境や自然エネルギー資源を活かし，その活用に関する基本理念を明らかにするため，ここに湖南市地域自然エネルギー基本条例を制定します。

（目的）
第 1 条　この条例は，地域における自然エネルギーの活用について，市，事業者及び市民の役割を明らかにするとともに，地域固有の資源であるとの認識のもと，地域経済の活性化につながる取り組みを推進し，もって地域が主体となった地域社会の持続的な発展に寄与することを目的とする。

（定義）
第 2 条　この条例において「自然エネルギー」とは，次に掲げるものをいう。
　(1)　太陽光を利用して得られる電気
　(2)　太陽熱
　(3)　太陽熱を利用して得られる電気
　(4)　風力を利用して得られる電気
　(5)　水力発電設備を利用して得られる電気（出力が1,000キロワット以下であるものに限る。）
　(6)　バイオマス（新エネルギー利用等の促進に関する特別措置法施行令（平成 9 年政令第208号）第 1 条第 2 号に規定するバイオマスをいう。）を利用して得られる燃料，熱又は電気

（基本理念）
第 3 条　地域に存在する自然エネルギーの活用に関する基本理念は次のとおりとする。
　(1)　市，事業者及び市民は，相互に協力して，自然エネルギーの積極的な活用に努めるものとする。
　(2)　地域に存在する自然エネルギーは，地域固有の資源であり，経済性に配慮しつつその活用を図るものとする。
　(3)　地域に存在する自然エネルギーは，地域に根ざした主体が，地域の発展に資するように活用するものとする。
　(4)　地域に存在する自然エネルギーの活用にあたっては，地域ごとの自然条件に合わせた持続性のある活用法に努め，地域内での公平性及び他者への影響に十分配慮するものとする。

6 宮崎県日之影町大人集落の事例

ここでは、地域のための小水力導入の事例としてリバービレッジが中心になって導入を進めた宮崎県日之影町大人集落の事例を紹介する。大人における水力発電施設の設置位置を**図表6-5**に示す。五ヶ瀬川の支流追川から取水し、大人集落への農業用水路である大人用水の水を中間地点で取水し斜面を落下させ発電する施設である。すなわち非灌漑期を中心とした小水力発電施設である。

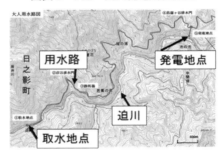

図表6-5 大人発電所位置図

1 大人地区、大人用水組合の履歴

大人地区の「大人」(オオヒト) は古来「大日止」(大きく日がとどまるの意)と記され、この地にアマテラスオオミカミの孫で大人神社に祀られているニニギノミコト (アメニギシクニニギシアマツヒコヒコホノニニギ) が天孫降臨し、久しくとどまった場所であるということを意味している。また「ホノニニギ」は「穂のニニギ」を意味し、古代稲作が導入される拠点となったことを地域の誇りとする地名であると理解することができる。

大人地区には、「古田」と呼ばれる田、場所がいくつかあり、これらの場所は用水開発や耕地整理以前から、谷間の湿地や遊水地を利用して初歩的な稲作を行っていたことが推察される。

大人神社には、三柱の神として、「ニニギノミコト」「八幡神」「甲斐宗摂」

第6章　地域のための小水力

が祀られている。八幡神は土地開発（水田開発）と関係がある神であり，甲斐宗摂は地域の用水開発事業を行い，地域に豊かさをもたらした偉人として祀られている。現在でも甲斐宗摂追悼のための大人歌舞伎の奉納が地域の重要な伝統文化として残っている。

　明治期に，川中米吉を中心とした地域の有志により，大人耕地整理組合が結成され，国，県と協力し融資を受けて用水開発を行った。この際の借入金返済は，驚くべきことに近年までにおよび，組合員に多大な苦労を強いた。今回の小水力発電事業を行う際の合意形成においてもこの長期に及ぶ借金の負担は地域の集落の精神的な重荷になった。新たな資金的負担について，地域で合意可能な新しい解決方法を模索する必要があった。

　大人用水組合が所有する用水路は，全長約10 kmにおよぶ用水路で，三方コンクリート張りの水路である。コンクリート張りにするまでは，水路崩壊などの被害も多く，維持管理に多大な労力と時間がかかっていた。現在は水路の蓋かけまで終わり，導水路としては非常に条件の良い用水路となっている。

　また，用水路開削計画当時は30 haの灌漑面積であったが，減反政策，人口減の影響により，現在は約3分の1の耕地面積となっている。

水利権

　大人用水組合は一級水系五ヶ瀬川の一次支川である追川から取水を行っている。灌漑用の慣行水利権では通年取水の実態があるが，発電事業を行うにあたって，発電用の新規水利権申請をする必要があった。またそれに伴い，灌漑用水についても改めて許可化する必要があるということになり，同一水路で2つの水利権の申請をすることとなった。新規の水利権申請にはなったものの，既存水路の取水口に手を入れることはなく，慣行で届け出ていたこれまでの使用水量の範囲内での取水ということで，河川の水を減らす心配もなく，また，事業者が集落の用水組合であることから，先行水利権者である漁協からの同意もスムーズに得ることができた。

地域の合意

　水利組合の総会において，事業の各段階の合意は組合員全会一致を原則とす

ることが決定され，また，発電のための発電計画ではなく，地域の未来を描くための発電計画を立てること，そのための用水組合の新たなルールを策定する必要があるということ，具体的な事業化に向けた協議や調査の段階に進むことなどが初期の段階で合意された。

④ 発電計画

　大人用水組合では，慣行水利権として灌漑期0.20 m³/s，非灌漑期0.12 m³/sの水利権を有している。発電事業は主に非灌漑期に，現行の慣行水利権の範囲内で行うものとすると，最大使用水量，および常時使用水量は0.12 m³/sとなる。

　発電事業を主に行う非灌漑期は秋季～冬季～春季にかけての時期で，追川は水が少ない時期であるため，渇水流量と予定取水量の比較を行った。取水地点の渇水流量0.181 m³/sに対して，本案件発電事業における予定使用水量0.12 m³/sは66％に当たり，発電事業を行うことに問題はないと考えられる。次に維持流量の検討が必要となる。国土交通省の「正常流量検討の手引き（案）」によると，全国403地点の河川における維持流量は平均的には0.69 m³/s/100 km²であり（国土交通省，2007），追川取水地点の渇水流量0.181 m³/sから常時使用水量0.12 m³/sを引くと0.061 m³/sとなり，100 km²当たり0.73 m³/sとなり全国平均より上回っている。また，筆者らの研究結果によると，貯水ダムを持たない流れ込み式の小水力発電における取水量が渇水流量の70％を超えると底生生物やカワガラス等鳥類に対して影響が出始める傾向が確認されている。本案件では66％の取水量であり減水区間の環境への影響も限定的であると考えることができる。

　また長年慣行水利権として非灌漑期に0.12 m³/sの取水が行われてきたことを考えると，小水力発電による取水量も同量であり，新たな河川生態系への影響は発生しないと考えられる。以上の検討結果に基づき，最大使用水量および常時使用水量を0.12 m³/sとした。

　使用水量0.12 m³/sおよび導水管ルートを基に4種類の管径に対して有効落差を求め最大発電量を算定した。その結果，発電出力は50 kW前後である。50 kWは低圧連系と高圧連系との境界で，高圧連系になると設備費が急激に高くなる。今回は管径250 mmを使用することとし，有効落差は85 m，発電出力50.1 kW，低圧連系で可能な最大発電量49.9 kWを建設予定発電所の出力とした。

第6章 地域のための小水力

図表6-6　ヘッドタンクの図

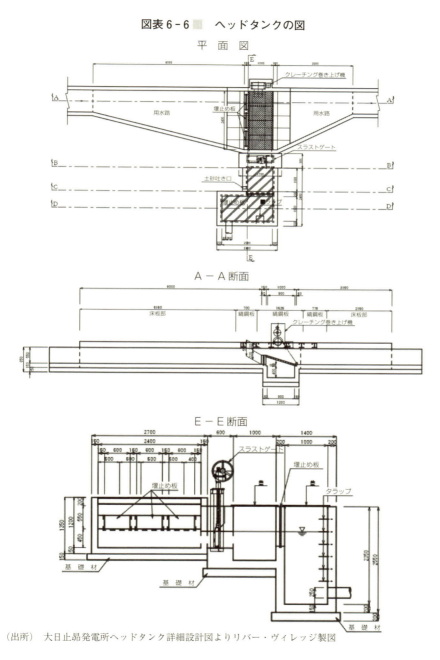

（出所）　大日止昴発電所ヘッドタンク詳細設計図よりリバー・ヴィレッジ製図

大人用水路は三方コンクリート張りの水路になっており，水路本線は全長にわたってコンクリートの蓋がしてあるため，小水力発電の導水路としては，落葉落枝などのゴミも少なく理想的な状態である。また，取水口から発電候補地点までは約5 kmあり，その途中数か所に沈砂池，排砂箇所が設けられているため，発電所のヘッドタンク設置場所ではゴミ，土砂の混入は最小限である。しかしながら，本発電計画では，落差が約85 mあり管路勾配も急であるため，ゴミ特に小石の混入には注意するべきである。水車にゴミが入ることによる機械の停止，ウォーターハンマーによる管路破損は最も危惧すべき災害である。このことを考慮し，ヘッドタンク構造を**図表6-6**のように設計した。

5　合意形成

　地域のための小水力発電とするための合意形成・事業化検討は以下のような過程で行われてきた。

平成25年度（時系列）
- ①　小水力発電とは何かを知る
- ②　組合の現在の課題を把握する（高齢化・耕作面積減少・賦役負担の増加）
- ③　今後の用水組合のことを考える
- ④　用水路を有効活用することを考える
- ⑤　用水路（用水組合）の過去を振り返る（再発見）
- ⑥　小水力発電適地検討（可能性調査）

※事業化の採決の際は「組合員全員一致」を原則とすることを条件に調査継続することを確認

平成26年度（時系列）
- ⑦　発電事業化へ用水組合員が合意できる条件を確認する
- ⑧　小水力発電を見て学ぶ（デモンストレーション）
- ⑨　候補地での建設概略設計及び概算工事費積算（可能性調査）
- ⑩　発電事業者法人化の検討（誰がどのような形態で行うか？）
- ⑪　先例に学ぶ（鳥取県別府電化農協）
- ⑫　事業の採算性の検討

第6章　地域のための小水力

⑬　事業の意味を再考する

　大人用水組合の組合員にとって，将来にわたって資産になるとはいえ，億単位の建設費を工面して新たな施設の建設を決断することは，大変重い決断になる。また，一般的な企業や組織と異なり，組合員全員が平等の権利と義務を負う組織の中で，一組合員それぞれがこの小水力発電事業に対して熟考し，対等に意見を出し合いながら検討を行うためには，その基となる十分な材料が必要である。
　このことに十分に配慮し，組合員にとって懸念となる事項を丁寧に掘り下げ，組合内の意見を構築していくことが重要であった。
　平成25年度の調査から，「稲作の継続」と「借入金を次世代の負の遺産にしない」ことが合意の前提であることが明らかとなった。
　「稲作の継続」のためには「非灌漑期水量で発電計画を立案する」という対応策があること，「次世代への負の遺産としない」ためには「有限責任の法人化」という対応策があることを，用水組合の組合員に理解できるように集会ごとに繰り返した。とくに「有限責任・法人」という概念は組合員にとって聞きなれない概念であり，これまでの無限責任概念が歴史的に文脈の中で形成されてきたこと，現在では有限責任の手法をとりうることを説明した。
　地域の未来に関わる事業であることを共有するために，地域行事への参加，デモンストレーション，勉強会を企画した。地域に根ざした発電計画の作成のために，これらの取り組みは非常に有効であった。毎年7月に行われる水神祭りでは，隣接する五ヶ瀬町の五ヶ瀬自然エネルギー研究所が保有している環境学習用のペルトン水車を借り，大人用水から公民館前の落差を利用して電飾を点灯させた。
　専門農協への理解を深めるために宮崎県の農協担当職員と専門農協の勉強会を企画した。宮崎県ではすでに養鶏や牛の育種で専門農協の事例があり，用水の管理と小水力発電事業を行う専門農協の可能性について県の職員から客観的な説明がなされた。また「大人ブランド米」を専門農協があつかえるかという質問に対しては「そもそも，そういった事業を行うために設立されるもの」という説明があり，平成26年度は米価が低落したが，売電と違う方向から新しい

地域づくりの可能性の光も見えてきた。

　これらの取り組みを経て，地区の役員会で事業化を目指す時に特に懸念となる資金調達と組合員個々人にかかってくる経済的負担，債務を軽減するために，組合組織を法人化することを提案したところ，「大人用水電化専門農協」を組織することになった。

■参考文献

資源エネルギー庁（2014）「New Release 再エネ設備認定状況（平成26年6月17日）」，http://www.fit.go.jp/statistics/contents/201403setsubi.pdf，（2014年7月28日　最終アクセス）。

島谷幸宏・山下輝和・藤本穣彦（2013）「中山間地域における小水力発電による地域再生の可能性―宮崎県五ヶ瀬町の事例から」（室田武・倉阪秀史・小林久・島谷幸宏・山下輝和・藤本穣彦・三浦秀一・諸富徹『コミュニティ・エネルギー――小水力発電，森林バイオマスを中心に』農山漁村文化協会），pp.177-208。

「小水力発電のための取水が渓流生態系に与える影響：鳥取県加地川加地発電所の事例」大山璃久・一柳英隆・林博徳・佐藤辰郎・皆川朋子・中島淳・島谷幸宏「応用生態工学会研究発表会講演集」，17th，pp.227-228。

高木美奈・藤本穣彦・島谷幸宏（2014）「日本における小水力発電技術再生の試み―ネパール・ペルトン水車の技術移転―」，東アジア研究，pp.89-112。

藤本穣彦・安永文香・山下輝和・青木良一・渡辺孝司（2012）「地域主体による小水力発電導入の構想と計画―福岡県糸島市における『白糸の滝・小水力エコパーク』構想を事例に―」，小水力エネルギー論文集，第一号，pp.63-70。

山下輝和・藤本穣彦・石井勇・島谷幸宏（2012）「小水力エネルギーを起点とした地域住民の主体生成過程に関する一考察」河川技術論文集，第18号，pp.565-568。

第7章
太陽電池の原理と作成プロセス

1 太陽電池

　太陽電池は，昨今の全世界の喫緊の問題であるエネルギー問題に対する解決策の1つである。この太陽電池を構成している材料は，主にシリコンである。他に，カドミウムテルライド（CdTe）や，カルコゲナイド系の材料であるが，太陽電池の約70％はシリコンの単結晶と多結晶で作成されている。

　近年の太陽電池に対する需要の急激な増加により，シリコン原料の不足が問題となってきている。従来，シリコン原料を作成するには，まず珪石とチップ，そしてチャコールを混合し，これをアーク炉中で放電熔解する。このときに，炭素が珪素から酸素を取り去ることにより2Nから3Nの金属シリコンが得られる。この金属シリコンを用いてさらに高純度のシリコン原料を得るためには，1つはシーメンス法のような化学的な純化法により高純度シリコンを得る手法が挙げられる。もう1つの方法は，冶金学的な方法を用いて純化する方法である。化学的方法は，冶金学的方法に比較的コストが高いことが欠点として挙げられるが，純度が高い原料が得られることが長所として挙げられる。

　昨今の太陽電池の急速な需要の伸びを背景に，原料不足が問題となっている中，純度の低いシリコン原料を用いて太陽電池を作成する機会が増えてきている。そこで，純度が低い原料から変換効率の高い太陽電池を作成するために，同時に低価格で大量の太陽電池を作成するための方策を探索する必要がある。

　本章では，まず太陽電池の動作原理を理解するために必要な固体物理学の導入を行い，次にどのようにして作成するかを説明する。太陽電池の中でも一番多く利用されているシリコン多結晶の製造プロセス，特に一方向性凝固法によ

るシリコン多結晶の育成方法とその評価結果について解説する。一方向性凝固法では不純物の偏析現象，特に鉄と炭素と酸素に焦点を当てて紹介する。また，太陽電池の変換効率を決定する要因の1つである小数キャリアライフタイムの大小を決定する，転位密度や応力等（高橋清『半導体工学——半導体物性の基礎』森北出版，2002）についての解析結果を紹介する。

2 エネルギーの分布則

熱平衡状態（エネルギーの収支が全体で零となる状態）において，粒子数と量子数との割合を与えるエネルギー分布則

① マクセルボルツマン分布則

1つの量子状態に何個でも粒子が入ってよく，それぞれの粒子はお互いを区別できる分布

② ボーズ−アインシュタイン分布則

1つの量子状態に何個粒子が入ってもよいが，それぞれの粒子はお互いを区別できない分布則

③ フェルミ−ディラックの分布則

1つの量子状態に粒子が1個しか入ることが許されず，しかも粒子はお互いを区別できない分布則

固体中の電子は1つ1つを区別することができず，またパウリの排他則にしたがってしまうため，1つの量子状態に1つしか粒子が（この場合は電子）入ることができない。この1量子状態に対して，1電子しかとることができないので，原子核の周りにある決まった軌道上を回っているようなモデルが理解できる。よって電子のエネルギー分布はフェルミ−ディラックの分布則をとる。

このフェルミ−ディラックの分布則（以下，フェルミ分布）は粒子数Nと粒子の全エネルギーkTの条件を基に，エネルギー準位という状態に粒子を入れたときに，あるエネルギー準位では，粒子は全体のどれくらいの割合で存在しているのかを示すものである。粒子の全エネルギーが高くなると，低い準位には入ることができないので，よりエネルギー準位の高い準位をとることにな

第 7 章　太陽電池の原理と作成プロセス

ることが説明できる。

フェルミ準位は以下の式によって与えられる。

$$f(E,T) = \frac{1}{1+\exp\left(\dfrac{E-E_f}{kT}\right)}$$

k：ボルツマン定数（1.3807×10^{-23}）［1/K］
T：絶対温度［K］
E：エネルギー［J］
E_f：フェルミエネルギー［J］

ここで $E = E_f$ としたとき

$$f(E,T) = \frac{1}{1+\exp\left(\dfrac{E-E_f}{kT}\right)} = \frac{1}{1+1} = \frac{1}{2}$$

となるのでフェルミエネルギーとは，ある分布における電子の占有率が半分となるエネルギー準位のことともいえる。

温度に対するフェルミ分布の変化を考える。
$T = 0$ のときは
　$E - E_f < 0$ つまり $E < E_f$

$$f(E,T) = \frac{1}{1+\exp\left(-\dfrac{E-E_f}{kT}\right)} = 1$$

　$E - E_f > 0$ つまり $E > E_f$

$$f(E,T) = \frac{1}{1+\exp\left(-\dfrac{E-E_f}{kT}\right)} = 0$$

この温度の上昇とともに直線的となり $T \rightarrow \infty$ では直線となる。

図表7-1　フェルミ-ディラックの分布関数

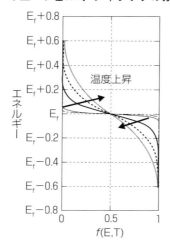

3 状態密度

　フェルミ分布則は，粒子がどれだけ占めているか，という分布である。しかし，あるエネルギー準位に，どれだけ電子が入ることができるのかは与えられてはいない。分布関数によって存在することはできても，電子が入ることができない区間，バンドギャップ等に相当する区間が存在する。ある量子状態数を状態密度 $g(E)$ であらわすこととする。

　シュレディンガーの波動方程式を用いて1次元の井戸型ポテンシャルに閉じこまれた，自由粒子の状態を求める。**図表7-2**のように井戸の長さを a とし，壁からの粒子の出入りはないものとする。

　シュレディンガーの波動方程式は

$$-\frac{\hbar^2}{2m^*}\frac{d^2\psi(x)}{dx^2} = E\psi(x) \qquad 0 \leq x \leq a \qquad \begin{array}{l} \hbar：プランク定数 \\ m^*：有効質量 \end{array} \qquad \cdots\cdots(1)$$

　ここで有効質量とは，古典力学でのニュートンの法則 $F=m\alpha$ に対応して，電子の動きやすさを定義した量である。

$\psi(x)$ の解を以下のように仮定する

$$\psi(x) = A\sin(kx) + B\cos(kx) \quad \cdots\cdots(2)$$

(2)を微分する。

$$\frac{\partial \psi}{\partial x} = Ak\cos(kx) - Bk\sin(kx) \quad \cdots\cdots(3)$$

$$\frac{\partial^2 \psi}{\partial x^2} = -Ak^2\sin(kx) - Bk^2\cos(kx)$$

境界条件より,

[1] $x=0$ のとき, の $\psi=0$ より
$B=0$

[2] $x=a$ のとき, の $\psi=0$ より
$A\sin(ka)=0$

$A\neq 0$ なので
$ka=n\pi=$　$n=1, 2, 3, 4, \cdots$

$$k = \frac{n\pi}{a} \quad \cdots\cdots(4)$$

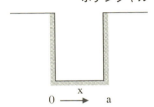

図表7-2　1次元井戸型ポテンシャル

(1)に(1)〜(4)を代入する。

$$A\frac{\hbar^2}{2m^*}\left(\frac{n\pi}{a}\right)^2\sin\left(\frac{n\pi}{a}x\right) = EA\sin\left(\frac{n\pi}{a}x\right) \quad \cdots\cdots(5)$$

E についてとくと,

$$E = \frac{\hbar^2}{2m^*}\frac{\pi^2}{a^2}n^2 \quad \cdots\cdots(6)$$

となる。

図表7-3に示すような，周期的な井戸を考える。

周期を L とすると，$L=a+b$

また，$\psi(x)$ の解を以下のようにする。

$$\psi(x) = A\exp(ikx) \quad \cdots\cdots(7)$$

周期的な条件から

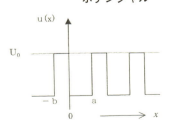

図表7-3　周期井戸型ポテンシャル

$$\psi(x+L) = Aexp(ik(x+L)) \qquad \cdots\cdots(8)$$

$$= Aexp(ikx)exp(ikL) \qquad \cdots\cdots(9)$$

とあらわせる。

周期条件を満たすには

$$kL = 2\pi n \qquad \cdots\cdots(10)$$

$$k = \frac{2\pi n}{L} \qquad \cdots\cdots(11)$$

となる。

よってエネルギー E は,

$$E = \frac{\hbar^2}{2m}\frac{\pi^2}{L}n^2 \qquad \cdots\cdots(12)$$

となる。

(6)を 3 次元に拡張する。

図表 7 - 4 のような 3 次元では一辺が L の立方体を考える。

$$E = \frac{\hbar^2}{2m^*}\frac{\pi^2}{L^2}(n_x^2 + n_y^2 + n_z^2) \qquad \cdots\cdots(13)$$

$\hbar$: プランク定数
m^* : 有効質量
n_i : 自然数
 $(n_i = 1, 2, 3, 4, \cdots)$

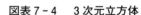

図表 7 - 4 　 3 次元立方体

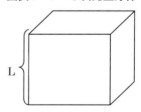

また,波数空間 k に対しても同様に,

$$k_x = \frac{2\pi}{L}n_x$$
$$k_y = \frac{2\pi}{L}n_y \qquad \cdots\cdots(14)$$
$$k_z = \frac{2\pi}{L}n_z$$

k 空間中の微小体積 $\varDelta k$ に含まれる量子状態の数 n を求める。

$$dn_x = \frac{L}{2\pi}dk_x \qquad \cdots\cdots(15)$$

第7章　太陽電池の原理と作成プロセス

$$dn_x dn_y dn_z = \left(\frac{L}{2\pi}\right)^3 dk_x dk_y dk_z \qquad \cdots\cdots(16)$$

ある状態の収容できる電子数をNとして，上下2個のスピンを考慮に入れると

$$N = 2\left(\frac{L}{2\pi}\right)^3 dK \qquad \cdots\cdots(17)$$

となる。

量子状態の数nは

$$n = \frac{N}{L^3} \qquad \cdots\cdots(18)$$

$$= 2\left(\frac{1}{2\pi}\right)^3 dK \qquad \cdots\cdots(19)$$

となる。

波数空間に存在している格子点は量子数nが非常に多くなると，連続しているとみなせる。よって，dKはk空間における3次元の変化量なので，**図表7-5**のように，kと$k+dk$との間の球間の体積で表されるので

$$dK = 4\pi k^2 dk \qquad \cdots\cdots(20)$$

となる。

エネルギーとkとの式は

$$E = \frac{\hbar^2 k^2}{2m} \qquad \cdots\cdots(21)$$

$$dE = \frac{\hbar^2}{m} k dk \qquad \cdots\cdots(22)$$

以上より

$$g(E)dE = \frac{2}{(2\pi)^3} dK \qquad \cdots\cdots(23)$$

図表7-5　K空間における微小変移dKとの関係図

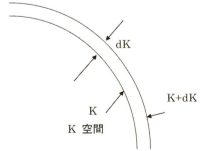

$$= \frac{2}{(2\pi)^3} 4\pi k^2 dk$$

$$= \frac{1}{2\pi^2}\left(\frac{2m}{\hbar^2}\right)^{1/2} 2\frac{m}{\hbar^2} dE \quad \cdots\cdots(24)$$

$$= \frac{1}{2\pi}\left(\frac{2m}{\hbar^2}\right)^{3/2} dE$$

$$g(E) = \frac{1}{2\pi^2}\left(\frac{2m^*}{\hbar^2}\right)^{3/2} E^{1/2} \quad \cdots\cdots(25)$$

図表7-6 状態密度

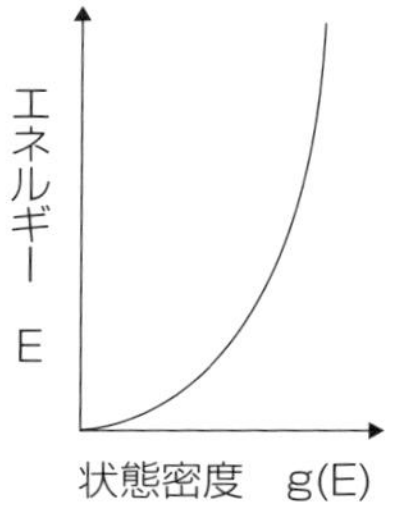

4 キャリア濃度

　状態密度とフェルミ分布を使って伝導帯中の電子密度，価電子帯中の正孔濃度を求めることができる。状態密度はあるエネルギー準位での粒子のとることのできる数であり，フェルミ分布はあるエネルギー準位での粒子のとれる数である。これらが重なる場所が，エネルギー準位での実際の粒子密度となる。これを伝導帯から上部まで，価電子帯から下部までそれぞれ積分すれば伝導帯中の電子濃度，価電子帯の正孔濃度が計算できる。

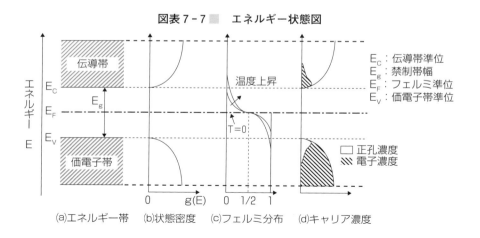

図表7-7 エネルギー状態図

E_C：伝導帯準位
E_g：禁制帯幅
E_F：フェルミ準位
E_V：価電子帯準位

□正孔濃度
▨電子濃度

(a)エネルギー帯　(b)状態密度　(c)フェルミ分布　(d)キャリア濃度

次に，実際に電子濃度 n を求める。

電子濃度はすでに述べたようにフェルミ分布と状態密度が重なるエネルギー帯を各準位の積分であるから

$$n = \int_{Ec}^{\infty} g(E)f(E)dE \qquad E_c：伝導帯のエネルギー準位$$

である。

ここでフェルミ分布 $f(E)$ は室温300 K では $1 \gg kT$ となるので

$$f(E) = \frac{1}{1+\exp\left(\dfrac{E-E_F}{kT}\right)} \approx \frac{1}{\exp\left(\dfrac{E-E_F}{kT}\right)}$$

これをボルツマン分布という。この近似を用いると電子濃度は

$$n = \int_{Ec}^{\infty} \exp\left(-\frac{E-E_F}{kT}\right) \cdot \frac{1}{2\pi}\left(\frac{2m*}{\hbar^2}\right)^{3/2}(E-E_c)dE$$

ここで E に関係しない項を以下のように N_c とおく。

$$N_C = \frac{1}{2\pi}\left(\frac{2m*}{\hbar^2}\right)^{3/2}$$

$$n = N_C \int_{E_C}^{\infty} \exp\left(-\frac{E-E_F}{kT}\right) \cdot (E-E_C)^{1/2} dE$$

$$= N_C \int \exp\left(-\frac{E-E_C}{kT}\right) \cdot \exp\left(-\frac{E_C-E}{kT}\right) \cdot (E-E_C)^{1/2} dE$$

ここで $x = \dfrac{E-E_C}{kT}$ とすると $dx = \dfrac{dE}{kT}$ となる。

積分領域は，

E	E_C	$\to$	∞
x	0	$\to$	∞

である。

$$n = N_C \cdot e^{-\frac{E_C-E_F}{kT}} \int_0^{\infty} e^{-x} \cdot x^{1/3} dx \cdot (kT)^{2/3}$$

$$= N_C \cdot e^{-\frac{E_C-E_F}{kT}} \cdot (kT)^{3/2} \int_0^{\infty} e^{-x} \cdot x^{1/2} dx$$

ここで δ 関数を導入する。

$$n = N_C \cdot e^{-\frac{E_C - E_F}{kT}} \cdot (kT)^{3/2} \cdot \frac{\sqrt{\pi}}{2}$$

さらに，

$$N_C = \frac{\sqrt{\pi}}{2} \cdot (kT)^{3/2} \cdot \frac{1}{2\pi} \cdot \left(\frac{2m^*}{\hbar^2}\right)$$

と置きなおす

$$\therefore n = N_C \cdot e^{-\frac{E_C - E_F}{kT}}$$

となる。

次に，正孔濃度を求める。

正孔濃度は電子の存在していないところであるとできることから，正孔濃度は電子の存在確立を示すフェルミ分布を用いて以下のように表せる。

$$\begin{aligned}
f(E)_h &= 1 - f(E)_e \\
&= 1 - \frac{1}{1 + \exp\left(-\frac{E - E_F}{kT}\right)} \\
&= \frac{1 + \exp\left(-\frac{E - E_F}{kT}\right) - 1}{1 + \exp\left(-\frac{E - E_F}{kT}\right)} \\
&= \frac{\exp\left(-\frac{E - E_F}{kT}\right)}{1 + \exp\left(-\frac{E - E_F}{kT}\right)} \\
&= \frac{1}{\dfrac{1}{\exp\left(-\frac{E - E_F}{kT}\right)} + 1} \\
&= \frac{1}{1 + \exp\left(-\frac{E_F - E}{kT}\right)}
\end{aligned}$$

電子密度と同様に正孔濃度を計算すると

$$p = \int_{-\infty}^{E_v} g(E) \cdot f_h(E) dE$$
$$= N_v e^{-\frac{E_F - E_c}{kT}}$$
$$N_v = \frac{\sqrt{\pi}}{2} \cdot \frac{1}{2\pi} (kT)^{3/2} \cdot \left(\frac{2m^*}{\hbar^2}\right)^{3/2}$$

となる。

また, $n \cdot p = N_c N_v e^{-\frac{E_c - E_v}{kT}}$

$E_c - E_v$ はキャリアが存在することができないエネルギー帯, 禁制帯（バンドギャップ）である。

5 真性半導体

不純物を全く含まない半導体を真性半導体という。不純物を含まない状態なので，キャリアのない状態となり電流はほとんど流れない。この場合，電子密度と正孔密度は同じとして取り扱える。よって $n_i = n = p$ が成立する。ここで n_i は真性キャリア濃度と呼ばれている。

$$n_i^2 = n \cdot p = N_c N_v e^{-\frac{E_g}{kT}}$$
$$n_i = \sqrt{N_c N_v} e^{-\frac{E_c - E_v}{2kT}}$$

ここで $n = p$ としたことにより,

$$N_v e^{-\frac{E_F - E_C}{kT}} = N_c e^{-\frac{E_v - E_F}{kT}}$$
$$\ln(N_v) - \frac{E_F - E_c}{kT} = \ln(N_c) - \frac{E_v - E_F}{kT}$$
$$-\frac{2E_F}{kT} = \ln\left(\frac{N_c}{N_v}\right) - \frac{E_c + E_v}{kT}$$
$$E_F = -\frac{kT}{2}\ln\left(\frac{N_c}{N_v}\right) + \frac{E_c + E_v}{2}$$
$$= -\frac{kT}{2}\ln\left(\frac{N_c}{N_v}\right) + \frac{1}{2}(E_c - E_v + 2E_v)$$

$$E_F - E_v = -\frac{kT}{2}\ln\left(\frac{N_c}{N_v}\right) + \frac{Eg}{2}$$

N_c/N_v は半導体では $m^*_p = m^*_n$ なので $N_c/N_v = 1$

$$\therefore E_F - E_v = \frac{Eg}{2}$$

このことから真性半導体のフェルミ準位は禁制帯の価電子帯と伝導帯との中間に位置する，ということがわかる（**図表7-8**）。

図表7-8　真性半導体のフェルミ準位と禁制帯幅

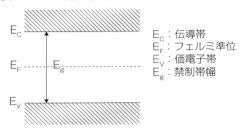

E_C：伝導帯
E_F：フェルミ準位
E_V：価電子帯
E_g：禁制帯幅

6 不純物半導体

　半導体には通常ごく微量な不純物や結晶の乱れが存在する。これらの半導体は真性半導体と対応して不純物半導体と呼ばれる。不純物を故意に添加することをドーピングという。どのような物質をどれくらいの量添加するかによって半導体の特性が変わってくる。Ⅳ族半導体である，シリコンSiを例にとって説明する。

　半導体の性質を考えるうえで最も重要なものが最外殻電子である。シリコンは**図表7-9**に示すように，Ⅳ族の原子とお互いを1個ずつの電子を出し合うことによって，強い共有結合を作っている。

　図表7-9のシリコンに対して，最外殻電子が1個多い，5個の最外殻電子を持つⅤ族原子（P, As, Sb）を添加する。シリコンの原子位置に置換すると，共有結合の4つの電子は共有結合に用いられるが，1個の電子は余ることとな

図表7-9　共有結合によるシリコン

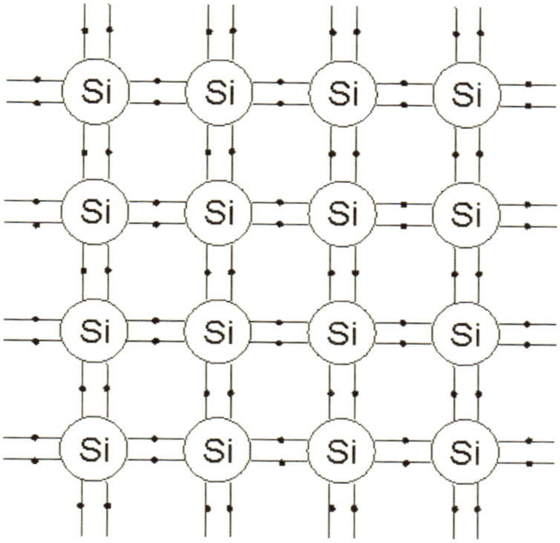

図表7-10　Ⅴ族原子と置換した時のシリコン

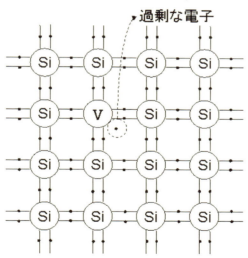

る。この電子は束縛がゆるいため、温度などのエネルギーを受けると束縛から離脱し、自由な振る舞いをする(**図表7-10**)。これが半導体のキャリアとして働き、半導体の電気伝導を特徴づける。主なキャリアが電子で動く場合をn型

半導体といい，N型のキャリアとして働く物質をドナーという。N型半導体は，主なキャリアが電子なので，**図表7-11**のように電子濃度は真性半導体より高くなる。これにより電子の存在確立を示すフェルミ準位は電子濃度の上昇により，真性半導体のフェルミ準位より高くなる。また，ドナーである不純物は電子を放出することになるのでイオン化する。イオン化していないドナーの作る準位をドナー準位と呼び，イオン化したドナーの作る準位をイオン化ドナー準位という（**図表7-12**）。

次にシリコンに対して最外殻電子が1個少ない，Ⅲ族原子（B, Al, Ga, In）を添加したときを考える。シリコンの原子にⅢ族原子が置換すると，電子が1個足りない状態が生じる。**図表7-13**中の①のように，この電子の足りない状態に近接電子が移り，移る前に電子の存在した地点（図表7-13中ではA点）では，電子の足りない状態が新たに発生する。こうして電子が近接原子から移ることで，まるで電子の足りない状態が移動しているように考えることができる。この足りない状態を正孔（ホール）といい，電子と対応して正の電荷を持

図表7-11　N型半導体のバンド図

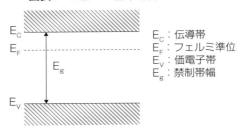

図表7-12　イオン化ドナー準位

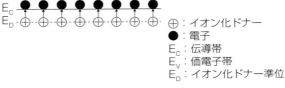

図表7-13　Ⅲ族原子と置換した時のシリコン

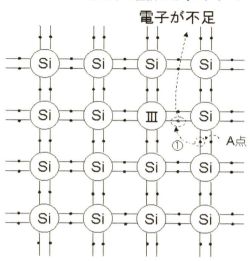

図表7-14　P型半導体のバンド図

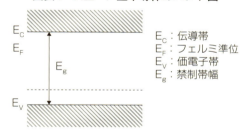

E_C：伝導帯
E_F：フェルミ準位
E_V：価電子帯
E_g：禁制帯幅

つキャリアとして取り扱われる。Ⅲ族添加によって正孔を生じさせキャリアとして働かせる半導体をP型半導体という。また主なキャリアは正孔である。P型半導体の主なキャリアは正孔であるので、**図表7-14**のように電子濃度は真性半導体よりも低くなる。P型半導体となるような不純物をアクセプターという。また、アクセプターのつくる準位をアクセプター準位といい、アクセプターは電子を受け取りイオン化するので、このイオン化したアクセプターをイオン化アクセプター準位という。

図表7-15　イオン化アクセプター準位

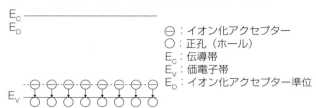

7 PN接合

P型の半導体とN型の半導体を接合すると，その境界には空乏層と呼ばれる薄い層ができる。P型半導体はフェルミ準位が上端により存在し，N型はフェルミ準位が下端に存在する。この接合した半導体が，熱平衡状態なら，この系におけるポテンシャルつまりフェルミ準位は一定になるという熱力学ならびに統計力学の原理に従うと，**図表7-16**に示すように，フェルミ準位は一定になるようなエネルギー準位図が描ける。

次に空乏層の形成とその性質について説明する。P-N接合を形成するとN型の場合電子が，P型の場合正孔が，つまり多数キャリアが**図表7-17**のaのように，それぞれ他方の伝導型の方へと拡散する。拡散したキャリアは，図表

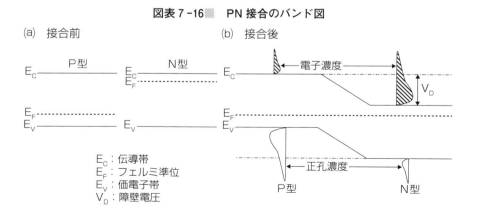

図表7-16　PN接合のバンド図

第7章 太陽電池の原理と作成プロセス

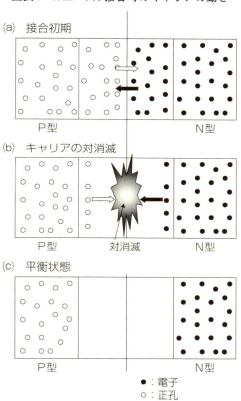

図表7-17　PN接合時のキャリアの動き

(a) 接合初期

(b) キャリアの対消滅

(c) 平衡状態

●：電子
○：正孔

7-17のbのように，キャリアを打ち消すように対消滅する。図表7-17のcのように，各伝導型での多数キャリアが接合界面近傍では少なくなり，**図表7-18のb**のように，イオン化したドナーおよびアクセプターが残る。イオン化ドナーは電子を失うため正に帯電し，アクセプターは電子を受け取るため負に帯電する。このため，図表7-18の(c)のように，空乏層では空間電荷層が生じこの空間電荷の為，多数キャリアは他の伝導型への拡散を妨げられ，両者のバランスが取れたところで，平衡となる。この空間電荷による電位差を拡散電位 V_D と呼ぶ。

図表 7-18 空乏層内での電荷，電位の関係図

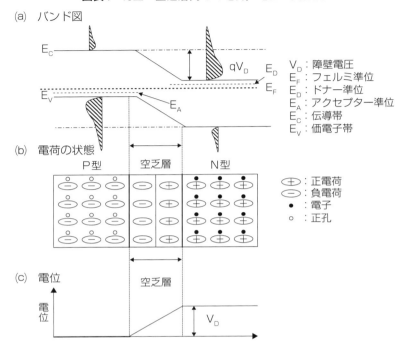

8 キャリアの濃度勾配による拡散

　一般的に電流はキャリアが移動することによって電荷が流れ，この電荷のある面での単位時間当たりに通過する電荷の量で，電流は定義される。電流が流れるためには，キャリアが移動することが必要である。このキャリアの流れには2つのタイプが存在するが，1つが濃度拡散である。キャリアの密度差があると，密度の大きなところから小さなところに移動しようとする。この現象を濃度拡散という。平衡状態にある半導体に，キャリアの密度勾配を外部からエネルギーを与えることで作ることができれば半導体には電流が流れる。

9 ドリフト効果によるキャリアの運動

　空乏層中には空間電荷による電界が存在する。キャリアを電界を与えた中におくとキャリアは電子には負に，正孔には正に帯電した電荷なので，電界中ではそれぞれ異符号の電極に引かれ，キャリアは運動する。このことをドリフト効果という。このときのキャリアはイオンと衝突しながら進むため，速度は一定せず，また衝突と衝突の時間はまちまちである。この速度は熱速度と呼ばれ，衝突時間間隔を緩和時間という。これらは，ドリフト効果のみでなく，濃度拡散でも生じる。

10 キャリアの再結合とライフタイム

　熱や光によって，キャリアが励起され，**図表7-19**(a)のように電子正孔対が発生する。この過程がキャリアの生成とよばれている。キャリアはしばらくすると電子は伝導帯から価電子帯に遷移する。遷移した電子は図表7-19のbやcで示すように対消滅する。この対消滅過程は再結合過程と呼ばれている。図表7-19のbは，直接再結合過程と呼ばれ，電子が伝導帯から価電子帯に直接遷移し再結合する。直接遷移半導体が起こす再結合過程である。cは間接再結合過程と呼ばれ，中間準位（再結合中心）を仲介した再結合である。Siのような間接遷移半導体の主要な再結合過程である。熱平衡状態では，キャリアが発生する数と再結合する数は同じなので，キャリア総数の変化はない。しかし，光などの入射によってキャリアが発生するとその発生数にあわせて再結合も増える。発生したキャリアはすぐに再結合するが，キャリアが発生して，再結合するまでの時間をライフタイム τ という。ライフタイムは，多数キャリアではキャリアの増加量に対して定常状態での濃度が非常に高い。少数キャリアでは，キャリアの増加量が定常状態での濃度に対して同程度のため，ライフタイムは少数キャリアの濃度に比例する。ライフタイムは特に少数キャリアライフタイムと呼ばれる。

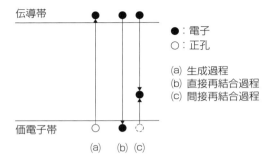

図表7-19　キャリアの生成と再結合

11 キャリアの拡散と電流密度

キャリアの拡散による電流密度は以下のように表される。

$$J_p = -qD_p \frac{dp}{dt}$$

$$J_n = +qD_n \frac{dn}{dt}$$

D_p：正孔拡散定数
D_n：電子拡散定数

$$J = J_p + J_n$$

で示される。この拡散定数はアインシュタインの関係によって

$$\frac{D}{\mu} = \frac{kT}{q}$$

また拡散定数 D とライフタイム τ により拡散距離 L は以下のように定義される。

$$L = \sqrt{D\tau}$$

一般にはキャリアは拡散とドリフトにより運動するので電流密度 J は

$$J_p = -qD_p \frac{dp}{dt} - (qp)(-\mu_p E)$$

$$= -qD_p \frac{dp}{dt} + qp\mu_p E$$

$$J_n = qD_n \frac{dn}{dt} + (-qn)(-\mu_n E)$$

$$= qD_n \frac{dn}{dt} + qn\mu_n E$$

第7章 太陽電池の原理と作成プロセス

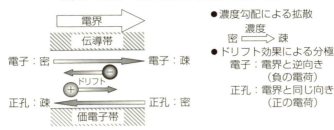

図表7-20 電子と正孔の電界に対する図

となる。これらの式中の正負の関係は**図表7-20**によって示されるとおりである。

12 PN接合の電流電圧特性

① 順バイアス

P領域に正, N領域に負の電圧をかける。これを順バイアスという。順バイアスをかけると, 電圧はほとんどがPN接合領域にかかる。これは図表7-17の状態を想定した場合, 空乏層以外の領域では電荷は中性である。この中性領域におけるキャリア濃度は静電ポテンシャルの差で記述されると理想状態を仮定するためである。多数キャリアの濃度はこの電圧によってPN接合内部の電場の勾配は大きくなり, フェルミ準位は, **図表7-21**のようにかかった電圧Vだけ離れる。これは電圧が基準点からのエネルギー差で定義されるためである。

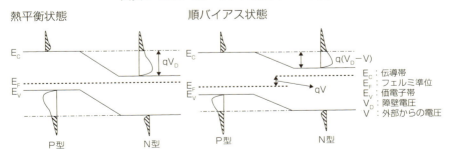

図表7-21 順バイアス状態のバンド図

これによって障壁は低くなるので，多数キャリアは障壁を越えやすくなる。この障壁が低くなったことによって平衡状態はくずれて，キャリアは拡散によって電流を生じることとなる。

この場合，電圧Vが大きくなるほど両領域のキャリアの差は大きくなるのでより多くの電流が流れることとなる。

② 逆バイアス

逆バイアスがかかると**図表7-22**のように障壁が大きくなり，P領域には電子，N領域には正孔のみとなる。これらに少数キャリアが拡散して，流れることによって電流が流れる。これが逆方向飽和電流で，少数キャリアは濃度がきわめてうすいため，電流もごく少量しか流れない。また，一度飽和してしまうとキャリアが存在しないので，飽和後は電圧を高くしても電流は大きくならない。

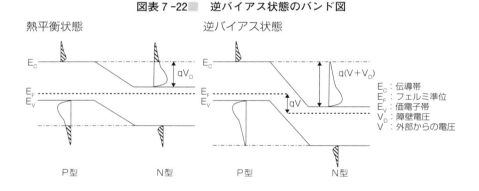

図表7-22　逆バイアス状態のバンド図

13 逆電圧降伏

逆バイアスを増加させていくと，飽和電流がある限界電圧V_B以上で急激に流れる。この現象を逆方向降伏といい，降伏の始まる電圧を逆方向降伏電圧という。この降伏機構としては，なだれ（Avalanche）機構とツェナ（Zenner）機構とがある。

図表7-23　なだれ機構とツェナ機構

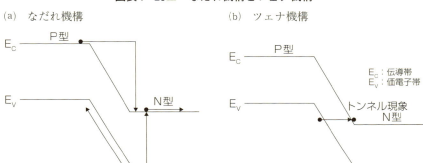

① なだれ機構

　逆方向電圧が大きくなると，P領域からN領域へと移動した電子は，大きなエネルギーを持つことになる。このエネルギーにより新たなる電子が励起され，電子-正孔対が発生する。発生した電子-正孔対は**図表7-23**のaに示すように電界によって加速され，結晶から電子を引き離す役割をする。この過程を繰り返すことで急激に電流は増加する。

② ツェナ機構

　逆方向電圧が大きくなると，P領域での価電子帯とn領域での伝導帯との距離がきわめて小さくなる。このために，図表7-23のbに示すようにP領域での価電子帯中での電子がポテンシャル障壁をトンネル効果で通り抜けて，N領域の伝導帯に移動できるようになる。よって電圧を大きくしていくと，トンネル現象を引き起こし，電流が急激に増加する。

14　光起電力効果

　半導体に光が照射されて，吸収されることによって，バンド内に励起された電子や正孔は，自由キャリアとして振舞う。これを光伝導効果という。
　この光伝導効果によって電子と正孔の濃度分布に不平衡を生じる。バンド内ではフェルミ準位の差として濃度分布が表せる。このためフェルミ準位に差が

生じるとフェルミレベルの差分起電力が生じる。この現象を光起電力効果という。

15 太陽電池の動作原理

バンドギャップ以上の光が PN 接合された半導体に照射されると，電子正孔対を生じる（生成）。電子正孔対はライフタイム分だけ，半導体内を自由に動きまわり，再結合する。この自由に動きまわる距離が少数キャリアの拡散長 L である。電子正孔対が，空乏層に移動すると，空乏層内の電界によって正孔は P 層へ，電子は N 層へと分極される。

太陽電池では，空乏層からの少数キャリアの拡散長の範囲内にある部分が，光起電力に寄与することのできる領域である。**図表 7-24**に空乏層の端からの拡散長と光起電力に寄与できる領域との関係の図を示す。図表 7-24中の L_P（N 型の少数キャリアの拡散長），W（空乏層の長さ），L_N（P 型の少数キャリアの拡散長）の領域が光起電力に寄与することのできる領域であることを示している。

少数キャリアの拡散長は，

$$L = \sqrt{D\tau}$$

D：拡散定数
……少数キャリアのライフタイム

である。

少数キャリアの拡散長は，ライフタイムに依存するため，ライフタイム向上は太陽電池の高効率化には必要な要因の 1 つである。

図表 7-24　空乏層と空乏層からの拡散長

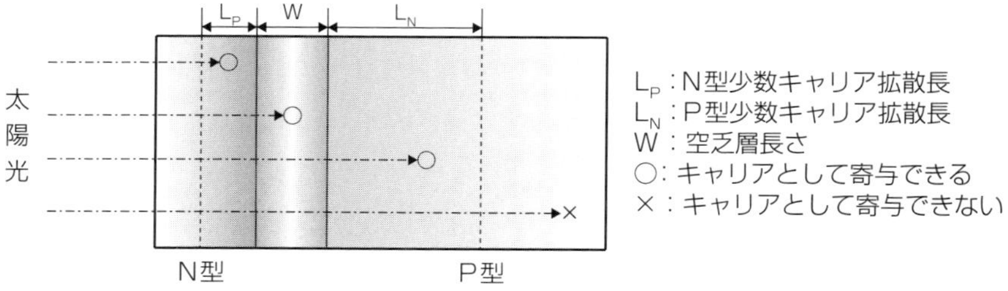

L_P：N 型少数キャリア拡散長
L_N：P 型少数キャリア拡散長
W：空乏層長さ
○：キャリアとして寄与できる
×：キャリアとして寄与できない

① 短絡電流状態

PN接合された半導体が短絡した回路を考える。バンドギャップ以上のエネルギーを持つ光を照射されると，光伝導効果により電子正孔対が発生する。この電子正孔対は，PN接合中の電場によって正孔はP層へ，電子はN層へと分極される。このドリフト効果で分極されたキャリアの流れが，電流となって回路中を流れる。この電流は光電流と呼ばれる。また，ドリフト効果以外にも濃度勾配によって，拡散電流が流れる。光が照射されたときのI-V特性を導出する。

回路が短絡されているような場合，光によって分極されたキャリアは，蓄積されることなく回路中を流れることとなる。これを短絡電流 I_{SC} とし，このときの電流値は，I_L で表す。$I_{SC} = I_L$

短絡された回路に太陽電池が接続されている場合のみ，キャリアの蓄積がないとする理想状態の場合，ドリフト効果のみの電流を考慮する。しかし，実際の太陽電池には，負荷が接続されており，ドリフト効果によって分極された少数キャリア（P型半導体中の電子，N型半導体中の正孔）は，多数キャリアとして，それぞれ他方の伝導型の半導体（電子はN型，正孔はP型をさす）中に蓄積される。この場合，ドリフト効果のみでなく，濃度勾配による拡散を考慮しなくてはならない。

負荷接続時の電流はドリフト項と濃度勾配による拡散項の和で表せる。ドリフト効果により発生する電流を電流方向[1]（**図表7-25**）とし，負荷接続時の

図表7-25 回路短絡時のドリフト効果のみによるキャリアの動き

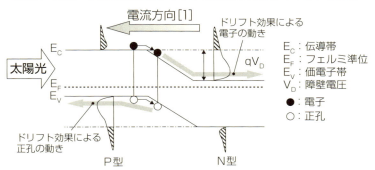

図表7-26　負荷接続時の拡散電流とドリフトとの関係

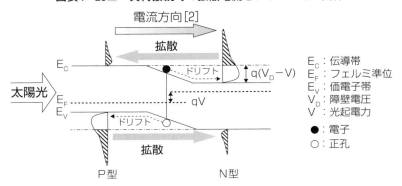

濃度勾配の拡散により流れる電流を電流方向[2]（**図表7-26**）とする。

キャリアが蓄積される場合においての，濃度勾配による拡散電流は順バイアス状態と同様の状態である。以降の計算では，順バイアスにおける電流式として算出する。順バイアス時，電流は拡散によって流れる。

熱平衡状態での少数キャリアは，他方側の多数キャリアと障壁電圧の和に等しいので

$$n_p = N_C \exp\left(-\frac{E_{CN} - E_F + qV_D}{kT}\right) \qquad \cdots\cdots(1)$$

同様にして，順バイアス中の少数キャリアは

$$n'_p = N_C \exp\left(-\frac{E_{CN} - E_F + qV_D - qV}{kT}\right) = n_p \exp\left(\frac{qV}{kT}\right) \qquad \cdots\cdots(2)$$

同様にP領域のホール p_n は

$$p'_n = p_n \exp\left(\frac{qV}{kT}\right) \qquad \cdots\cdots(3)$$

また，拡散に関する電流密度の式は印加電圧がすべて空乏層にかかると

$$J_p = -pD_p \frac{\partial p}{\partial x}$$

$$J_n = -nD_n \frac{\partial n}{\partial x} \qquad \cdots\cdots(4)$$

また連続の式より

第7章 太陽電池の原理と作成プロセス

$$\frac{\partial n}{\partial t} = -\frac{n - n_p}{\tau_n} + \frac{1}{q}\frac{\partial J_n}{\partial x}$$
$$\frac{\partial p}{\partial t} = -\frac{p - p_n}{\tau_p} - \frac{1}{q}\frac{\partial J_p}{\partial x}$$
……(5)(6)

以上より，(4)を(3)に代入する。

$$\frac{\partial n}{\partial t} = -\frac{n - n_p}{\tau_p} + D_n \frac{\partial^2 n}{\partial x^2} \qquad \cdots\cdots(7)$$

ここで，定常状態において

$$\frac{\partial n}{\partial t} = 0 \qquad \cdots\cdots(8)$$

$$\frac{\partial^2 n}{\partial x^2} - \frac{n - n_p}{D_n \tau_n} = 0 \qquad \cdots\cdots(9)$$

である。
ここで $L_n = \sqrt{D_n \tau_n}$ ……(10)
また，$n - n_p$ についての解を仮定すると

$$n - n_p = A e^{\frac{x}{L_n}} + B e^{-\frac{x}{L_n}} \qquad \cdots\cdots(11)$$

境界条件を用いてA，Bを決定する。
$x = 0$ において(2)より

$$n = n_p e^{\frac{qV}{kT}} \qquad \cdots\cdots(12)$$

$$n_p e^{\frac{qV}{kT}} - n_p = B \qquad \cdots\cdots(13)$$

$x = \infty$ においては

$$n = n_p \qquad \cdots\cdots(14)$$
$$A = 0 \qquad \cdots\cdots(15)$$

$$\therefore n - n_p = n_p (e^{\frac{qV}{kT}} - 1) e^{-\frac{x}{L_n}} \qquad \cdots\cdots(16)$$

よって電流密度 J_n は(4)より

133

$$\therefore J_n = \frac{qD_n n_p}{L_n}(e^{\frac{qV}{kT}} - 1) \quad \cdots\cdots(17)$$

同様にして J_p についてもとくと

$$\therefore J_p = \frac{qD_p p_n}{L_p}(e^{\frac{qV}{kT}} - 1) \quad \cdots\cdots(18)$$

よって電流密度の総和 J は

$$J = J_p + J_n \quad \cdots\cdots(19)$$

$$= q\left(\frac{D_p p_n}{L_p} + \frac{D_n n_p}{L_n}\right)(e^{\frac{qV}{kT}} - 1) \quad \cdots\cdots(20)$$

ここで

$$J_s = q\left(\frac{D_p p_n}{L_p} + \frac{D_n n_p}{L_n}\right) \quad \cdots\cdots(21)$$

とすると

$$J = J_s(e^{\frac{qV}{kT}} - 1) \quad \cdots\cdots(22)$$

ここで電気的中性条件を N 領域, P 領域に適用すると

$$n_i^2 \approx N_c N_v \approx n_p N_D = p_n N_A \quad \cdots\cdots(23)$$

以上より拡散による電流とドリフト効果による電流を加味して, 図表 7-26 の関係から光を照射したときの電流 I は,

$$I = I_S(e^{qV/kT} - 1) - I_L$$

$$J_S = \frac{I_S}{A} = qN_C N_V\left(\frac{1}{N_A}\sqrt{\frac{D_n}{\tau_n}} + \frac{1}{N_D}\sqrt{\frac{D_p}{\tau_p}}\right) \quad \cdots\cdots(24)$$

I_L：定電流（過剰キャリアによる電流）
I_S：飽和電流
A：太陽電池の面積
N_D：ドナー濃度
N_A：アクセプター濃度
D：ドリフト係数
τ：少数キャリアの寿命

② 開放端電圧状態

PN 接合された半導体が開放された状態を考える。PN 接合された半導体にバンドギャップ以上のエネルギーを持つ光を照射すると，光伝導効果で電子-正孔対が発生する。この電子-正孔対はドリフト効果で分極される。この回路は開放されているので，電子は P 層に蓄積され，N 領域は負に帯電する。

図表 7-27　ドリフト効果によって分極されたキャリア

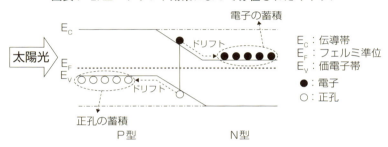

正孔は N 層に蓄積され正の空間電荷を形成する。このキャリアが N 層には電子が蓄積し，P 層には正孔が蓄積されることとなるので，**図表 7-28**のように見た目のフェルミ準位は，N 層側は高くなり，P 層側は低くなる。

図表 7-28　回路開放時のバンド図とフェルミ準位

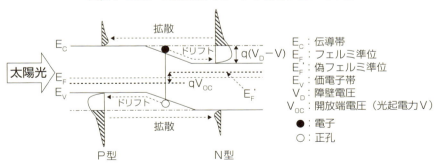

このフェルミ準位を偽フェルミ準位という。これを定量的に表す。電子濃度を表す式はすでに述べたとおり，以下のように表せる。

$$n = N_C \cdot e^{-\frac{E_C - E_F}{kT}} \qquad \cdots\cdots(25)$$

これをフェルミ準位についてとくと

$$E_F = E_C + kT \cdot \ln\left(\frac{n}{N_C}\right) \qquad \cdots\cdots(26)$$

よって電子濃度が増加したときのフェルミ準位を E_F' とし電子濃度を n' とするとフェルミ準位の差は

$$E_F' - E_F = kT\left[\ln\left(\frac{n'}{N_c}\right) - \ln\left(\frac{n}{N_c}\right)\right] \propto \frac{n'}{n} \qquad \cdots\cdots(27)$$

濃度差は増加するので $n'/n > 0$ よってフェルミ準位は高くなる。

フェルミ準位が変化すれば，準位差は電圧として外部に取り出せる。外部に発生した開放端電圧は定式のI-V特性の式から，I=0として

$$V_{OC} = \frac{kT}{q}\ln\left(\frac{I_L}{I_S} - 1\right) \approx \frac{kT}{q}\ln\left(\frac{I_L}{I_S}\right) \qquad \cdots\cdots(28)$$

よって飽和電流 I_S が低減することができれば，V_{OC} は対数的に増大させることができる。

16 一方向性凝固法

太陽電池の製造時には，変換効率と製造コストの関係から，石英製またはカーボン製の坩堝にシリコン融液を作成し，これを底部から凝固する方法である一方向性凝固法やキャスト法が採用される場合が多い。一方向製凝固法は，坩堝の中でシリコン融液を作成し，これを凝固して多結晶を得る方法である。一方，キャスト法は，一度他の坩堝でシリコン融液を作成しておき，一気に別の坩堝内で急速凝固する方法であり，一方向製凝固法とは異なるプロセスである。

一方向性凝固法は，一般に**図表7-29**に示すように坩堝，シリコン融液，結晶，加熱用ヒーター，熱遮蔽材等で構成されている。一方向性凝固法は，ヒーターの出力電力あるいは坩堝の位置を下方に移動することにより，坩堝底部からの抜熱し，融液を凝固して最終的に多結晶を得る方法である。一般に坩堝の形状

は，円柱状か矩形の形状をしている場合が多い。これらの坩堝から得られる結晶の形状は，円柱状か矩形状の多結晶となる。**図表7-30**には，円柱状の坩堝中で凝固途中の炉内温度と流速分布を示す。これより，結晶内の温度勾配は融液内の温度勾配よりも大きくなっていることがわかる。これは，結晶の熱伝導度が結晶の熱伝導度よりも大きく，さらに融液内は対流により温度分布が均一化されているためである。さらに，固液界面の位置は，シリコンの融点に一致するように分布しているために，この解析結果では界面形状が凸となっていることがわかる。また，流速のオーダーはmm/sであることもわかる（L. Liu (2006), K. Kakimoto (2007)）。

図表7-29 一方向性凝固法を用いたシリコン多結晶育成装置
1．融液 2．結晶 3．石英坩堝 4．カーボン坩堝 5-6．サセプター
7-10．熱遮蔽材 11-13．ヒーター

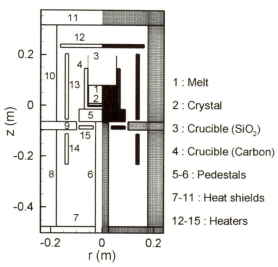

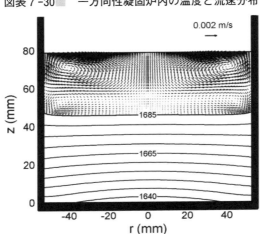

図表7-30　一方向性凝固炉内の温度と流速分布

また，温度勾配が大きい領域は熱遮蔽材の領域であり，外部へ放出される熱流束が小さいことがわかる。これより，加熱電力による熱が炉外に排出されにくくなるように設計されていることがわかり，小さな電力でシリコン原料を融解することが可能であることを示している。

17 シリコン凝固過程

シリコン多結晶の凝固過程における成長速度は，太陽電池を効率よく安価に製造するために，可能なかぎり早いほうがよい。しかし，同時に結晶の特性をも保持する必要がある。成長速度は，ヒーター電力の時間に対する降下率で間接的に決定されるものであり，凝固過程においては成長速度そのものを意図的に決定できるものではない。そこで，ヒーター電力を入力パラメータとして，結晶成長速度の時間変化を解析することが必要となってくる。**図表7-31**は，多結晶育成時におけるヒーター電力，成長速度，固化率の時間変化を示している。

この計算においては，ヒーター電力は時間に対して入力パラメータとして設

図表7-31　ヒーター電力，成長速度，固化率の時間変化

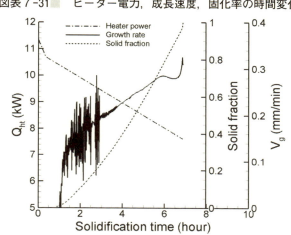

定しているので，成長速度と温度分布が計算結果として得られる。したがって成長速度と固化率は，解析の結果得られたものであり，時間とともに両者とも変化していることがわかる。本解析から得られた成長速度は，平均値で約0.3 mm/min と LSI 用の結晶の成長速度である 1 mm/min に比較して約1/5から1/3程度の小さい値であることがわかった。すなわち，凝固過程において育成した結晶は LSI 用の結晶と比較して高温に長い時間保持されることとなる。これは，転位の伝播や不純物の拡散に重要な影響を与える。一方，結晶中の温度勾配は約3-5倍程度大きい値を取ることがわかっており，点欠陥や不純物の拡散や凝縮過程に関しては，LSI 用の結晶の場合と同じような過程をとることが推測される。

　この両者における温度勾配の差は，結晶を坩堝内で育成するか，坩堝外で育成するかによって決定される温度分布の差に起因する。すなわち，成長 LIS 用のシリコン単結晶育成の場合は，チョクラルスキー法という方法で結晶育成を行っており，この方法では結晶は直接坩堝とは接触していない。このために，輻射伝熱により結晶の熱は，水冷された結晶育成炉壁に輻射により伝達し，結果として結晶中の温度分布が不均一となり，結晶成長速度が大きくなる。一方，一方向性凝固法の場合は，シリコン融液を坩堝の内部で凝固させるために，結

晶表面からのみ輻射伝熱により結晶が冷却されるために，結晶育成炉への輻射伝熱がチョクラルスキー法に比べて少なく，結果として結晶内の温度勾配が小さくなる。このために，結晶育成速度がチョクラルスキー法よりも小さくなる。

■参考文献

K. Kakimoto, L. Liu, H. Miyazawa, S. Nakano, D. Kashiwagi, X. J. Chen, and Y. Kangawa (2007), Cryst. Res. Technol., 42, 1185.

L. Liu, S. Nakano, K. Kakimoto (2006), J. Crystal Growth 292(2), 515.

高橋清 (2002)『半導体工学——半導体物性の基礎』，森北出版。

第8章

次世代エネルギー社会を支える
エレクトロニクス

1 はじめに

　エネルギーの安定供給（Energy），地球環境保全（Environment），持続的経済成長（Economy）を同時に達成する3E社会の実現に向けて多くの研究開発が進行中である。例えば一次エネルギーに関して，従来の化石燃料（燃やすエネルギー）への過度な依存から脱却し，風力，海洋，太陽光などの再生可能エネルギーの大幅導入へ向けた取り組みが進んでいる。これら再生可能エネルギー源は，直接エネルギーを電力エネルギーの形で発生し，供給する。二次エネルギーに関しても，日本は，高度経済成長期以降，電力消費量とあわせて電力化率を継続的に高めてきている。現在，二次エネルギーの約25％が電力となっているが，3E社会実現に向けて，さらに電力化率の向上が求められており，2050年には50％を越える必要があるとの報告もある（資源エネルギー庁エネルギー白書，資源エネルギー庁・NEDO省エネ技術戦略など）。実際に，自然エネルギー導入の他にも，プラグインハイブリッド自動車（PHEV），電気自動車（EV），高速鉄道網に代表される運輸の電動化，最近では，航空機や船舶のハイブリッド化も進んでいる。HEMS（House Energy Management System）/BEMS（Building Energy Management System）のような電力マネジメントシステム，ヒートポンプや熱電材料技術を活用した電力を介しての熱利用，IoTやビッグデータ化に見られるようにあらゆる物事がネットワークコネクト化する超高度情報社会など，電力依存を高めるメガトレンドは急速に，かつ幅広く進行している。このようにエネルギー流，物流，情報流など，社会のあらゆる面で電力に大きく依存する高度電力化社会への道を進む中で，将来のエレ

クトロニクスの果たすべき役割はこれまで以上に大きい。本章では，次世代の電力エネルギー社会を支えるエレクトロニクスついて解説する。

2 パワーエレクトロニクスからグリーンエレクトロニクスへ

図表8-1に次世代電力エネルギー社会の一例を示す。一次エネルギーから供給される電力は，いくつかの階層のグリッドを経て二次エネルギーとして需要側に供給され，消費される。これまで大型発電所に限定されていたエネルギー供給源は，再生可能エネルギー導入により各地にさまざまな規模で立地される。そのため，ナショナルグリッドとしてマネージメントされていた電力網は，発電・蓄電・配電機能を持つ中小規模のグリッドマネージメント，およびこれらの中小規模グリッド群の連携へと変化していく。また，高度電力化社会では，これまで以上に需要者が時空をこえて二次エネルギーとしての電力をユビキタスに利用することになる。電力融通は，需給に加え，バッファーとなる蓄電技術を含めて，情報とエネルギーが高度に融合したエネルギーインターネットを介して行われる（H. Ohashi (2012), Proc. 24th ISPSD, 9）。この時，新しいパワーエレクトロニクス技術が必要となってくる。パワーエレクトロニクスは，W.E. Newell によって，電気機械，電気回路・デバイス，制御を統合した電力変換技術として定義されてきた（W.E. Newell (1973), PESC, 6）。当初は，静止機と回転機に代表される，主として大型電気機器が対象とされてきた。例えば，図表8-1中の電力変換器は，入力エネルギーを，需要側が必要とする電力エネルギーの形態（電圧，電流，位相など）に変換し出力する機能を果たしている。これまでは，入出力間は1対1対応であったが，これからは情報ネットワークのルータのように1対多かつ双方向の電力エネルギー変換・伝送の機能が求められる。また，今日では，電力エネルギーは，情報，音，光，熱，電波などの新しい応用を支えており，それに伴い電子工学・制御も技術対象が変わりつつある。さらに，機器の集積化が進むにつれ，従来以上に技術統合が進んでいる。この背景のもと，**図表8-2**に示すように，電力変換技術を行うパワーエレクトロニクス技術を軸に，マイクロエレクトロニクス，電子材料，

ICTなどを含む電力の有効利用に資するエレクトロニクスの新しい学際的総体としてグリーンエレクトロニクスが提唱されている（H. Ohashi (2010), EPE-PEMC）。

図表 8 - 1, 2 を通して重要なことは，従来から議論されてきている各機器の高性能化（低損失化）に加えて，莫大な数のエレクトロニクス機器の普及を前提に，各機器がグリーンエレクトロニクス機器として新機能を有し，次世代電力エネルギー社会全体が最大エネルギー効率で運用できるように機能することである。これまで省エネルギー技術は，時に需要側に我慢・節約を強いる技術として取り上げられることがあったが，これからは，需要側は我慢することなく電力エネルギーを利用することができ，供給側はシステム全体を高効率・省エネルギーで稼働・運用することで，同一エネルギー量でより多くの需要をまかなうことができるようになる。

図表 8 - 1　次世代電力エネルギー社会の一例

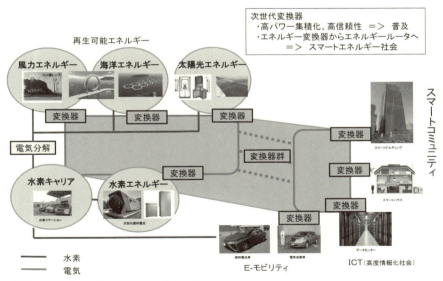

（出所）https://www.riam.kyushu-u.ac.jp/rese/

図表 8-2　パワーエレクトロニクス（PE）からグリーンエレクトロニクスへ

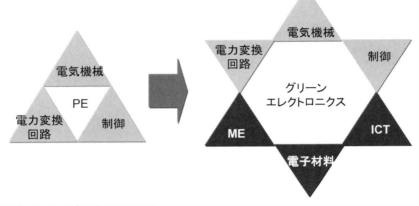

（出所）　H. Ohashi (2010), EPE-PEMC

3 グリーンエレクトロニクスを支えるシーズ技術

　パワーエレクトロニクス機器は，半導体や磁性体，誘電体などの材料が各々の機能をもったデバイスとして統合化され，システム装置として社会に実装されていく。**図表 8-3**にパワーエレクトロニクス機器の構成概要を示す。パワーエレクトロニクス機器の高性能化には，材料，デバイス，装置の各々の階層での研究開発，さらには新しい機能を集積統合化していく全体を俯瞰する技術開発が求められる。

　物質・材料は，金属，無機・セラミックス，有機・高分子などに分類され，その組成，形態，構造，状態などを研究する純粋物質研究が進められている。応用が広がり，システムが高度化するのに伴い，すでに既知とされている物質・材料においても新しい視点・スケールでの研究が必要になる。物質・材料は，ある機能に着目したときに，導体，半導体，磁性体，誘電体，絶縁体等の機能材料となり，パワー半導体，トランス，コンデンサなど，デバイスとして電力変換器の構成部品となる。この階層では，材料が有する機能を最大限に活用させるための技術開発とともに，従来材料の限界を超える新材料研究との連

第8章　次世代エネルギー社会を支えるエレクトロニクス

図表8-3　パワーエレクトロニクス機器の構成概要
ユビキタスパワーエレクトロニクスシステム

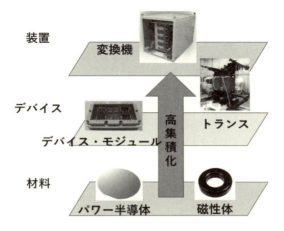

集積化パワーエレクトロニクス技術
（出所）　H. Ohashi (2010), EPE-PEMC

携が進められている。例えば半導体材料では，今日のエレクトロニクスを支えているシリコンの限界追究，限界突破を目指した研究開発，シリコンの物性限界を超えるための新しい化合物半導体材料の研究開発などが進められている。また，これまではデバイス・構成部品を組み合わせ，アッセンブリによりパワーエレクトロニクス機器を構築していた。しかし，小型・集積化が進むに従い，LSI技術がトランジスタからICへと一体集積化してきたことと同様に，パワーエレクトロニクス機器においてもアッセンブリから一体集積設計・製作へと変化していくことが求められている。そのため，従来型のリニア開発モデル（物質研究＝＞機能材料研究＝＞集積化技術研究＝＞システムの順次開発）ではなく，最初から必要な機能を明確にした全体統合設計，コンカレント技術研究が必要となる。さらに，パワーエレクトロニクス機器は，社会実装される次世代エネルギーインターネット上で，お互いに連携する必要があり，そのための通信・計測・制御機能を集積化させて，従来の電力変換機能とあわせて搭載していくことになる。

これらの技術開発は，従来の技術分類でカテゴリー分けされた研究開発，そこから得られる成果の統合では開発速度が遅く，世界の技術開発競争に追いつくことができない。そのため，従来の技術分野を統合した新しい学際的総体，グリーンエレクトロニクスとしての研究開発が求められている。

4 　今後の研究開発動向

　材料・デバイス技術は，日本が世界の中で強い産業競争力を有する分野と言われている。例えばIT機器内に搭載されている材料部品は日本製が多い。半導体デバイスに関しては，メモリー，センサー，そしてパワーデバイスなどは日本が世界で競争力を有している技術である。前者2つは寡占化が進行しているのに対し，パワーデバイスは先進国，後進国あわせて技術開発競争の途上にある。パワーデバイスは電力エネルギー変換をつかさどるキーコンポーネントであり，これからの高度電力化時代に向かって，その重要性はますます高くなっている。電力エネルギーは，化石燃料を代表とする他のエネルギーに比べて，安全で制御しやすく使いやすい。また，風力や太陽光などの再生可能エネルギーの大量導入は，従来の発電地域と消費地域をナショナルグリッドで結ぶシステムから，地産地消型エネルギーネットワークへの変革が可能となり，世界規模でより電力エネルギーの加速的な普及が期待される。この時，新しいグリーンエレクトロニクスに求められることは，機器（デバイス）の高性能化と普及，さらに新しい機能である。パワーデバイスにおいても従来のディスクリートデバイスの高性能化，低コスト化に加え，新機能装置化を含んだ研究開発へ移行していくことが強く望まれる。

　情報技術の進展により，人々は時空を気にすることなく，必要な情報にアクセスできるようになってきている。この情報技術，情報網は電力エネルギーに支えられている。電力エネルギーをつかさどる機器の高効率・低損失化に加えて，電力エネルギーネットワーク・エネルギーインターネットも高度化し，人々は電力エネルギーに関しても時空を気にすることなく，必要なエネルギーにアクセスできるようになるであろう。同時に，エネルギーインターネットは，ナショナル，ローカル，種々の単位で自律分散協調し，エネルギーを暴食する

のではなく，最大効率で種々の需要を満足するようにマネジメントされ，ものづくり，日々の暮らし，両面においてエネルギー効率最大で人々は生活するようになるであろう。その時の社会を支える新しいエレクトロニクスがグリーンエレクトロニクスである。

参考：本章は，平成19年度NEDO「2050年における省エネルギー社会の実現に向けた電気エネルギー有効利用に関わるエレクトロニクス技術」，平成20年度NEDO「2050年における省エネルギー社会の実現に向けた電気エネルギー有効利用に関わるグリーンエレクトロニクス技術」での調査活動，一般社団法人NPERC-Jでの調査研究活動などをベースにしている。

■引用文献

H. Ohashi (2010), EPE-PEMC.
H. Ohashi (2012), Proc. 24th ISPSD, 9.
W.E. Newell (1973), PESC, 6.
資源エネルギー庁（2018）「エネルギー白書2018」．
資源エネルギー庁，新エネルギー・産業技術総合開発機構（NEDO）（2016）「省エネルギー技術戦略2016」．

第9章

バイオマス・エネルギー供給の可能性と課題
―メタン発酵を中心にして

1 はじめに

　バイオマス・エネルギーの供給に使用されるバイオマス資源には，廃棄物系バイオマス，未利用バイオマス，資源作物に大きく分類されるが，本章では，持続可能な循環型社会の構築において，特に重要な有機廃棄物に注目する。有機廃棄物のエネルギー利用として，近年，メタン発酵が注目されており，生成するメタンガスを原料に，電気，熱そして将来のエネルギー源である水素も供給できる。他方，メタン発酵の過程から発生する消化液の処理が，我が国の場合，メタン発酵の普及において課題となっている。しかし，地域の多様な主体の協力により，有機廃棄物の循環と消化液の利用，さらにはエネルギー供給と地域振興を実現させた事例もある。そこで，本章では，そのような先進事例の取り組みも紹介しながら，我が国におけるバイオエネルギー供給の展望と課題について議論していく。

2 我が国におけるエネルギーの供給の見通しとバイオマス・エネルギーの位置づけ

1 バイオマス資源とは

　バイオマスとは，「化石燃料を除く，動植物に由来する有機物の資源」であり，太陽光と水と動植物が存在するかぎり，再生され続ける。このバイオマスは，

第9章 バイオマス・エネルギー供給の可能性と課題—メタン発酵を中心にして

図表9-1　バイオマス資源とは

(出所)　社団法人日本有機資源協会『バイオマス・ニッポン—自然の恵みでニッポン再生—』パンフレットを一部修正。

廃棄物系バイオマス，未利用バイオマス，資源作物の大きく3種類に分けられる（**図表9-1参照**）。

　廃棄物系バイオマスとしては，家畜ふん尿，食品残渣，建築廃材，パルプ廃液，下水汚泥等が挙げられる。廃材は，古くから固形燃料として利用され，近年は，より使い勝手がよいように，木質チップや木質ペレットなどに加工され，熱源として利用されている。また，生ごみ等の食品廃棄物，家畜ふん尿，下水汚泥等の水分含有率の高い有機廃棄物は，高含水率有機廃棄物と呼ばれ，原料の固形分濃度を6～10％程度に水分調整して湿式メタン発酵の原料として使用し，バイオガスを発生させることができる。湿式メタン発酵は，し尿処理や下水処理で昔から広く採用されており，生ごみ等，分解率の高い原料に適した方式である。メリットとして，設備費用が少ないこと（乾式と比較），稼動実績が多いので参考事例が多くあること，規模・処理量のバリエーションが豊富（敷地面接の省スペースが可能，堅型も可能）であることが挙げられる。

　他方，環境省（2016）によれば，食品廃棄物に水分含有量の低い紙や草，剪定枝等を混ぜて原料の固形分濃度を15～40％に調整してバイオガスを発生させる乾式メタン発酵もある。乾式メタン発酵のメリットとして，排水処理量が

少ないこと（湿式と比較），機械選別を導入することで生ごみの分別収集を実施していない自治体でも利用できること，ガス発生量が多いこと（湿式と比較）等が挙げられる。

　原料にもよるが，バイオガス成分の50〜65％程度はメタンガスであり，その他はCO_2が大半であるが，装置等を腐食する硫化水素も若干含まれる。このメタンガスは，直接燃焼して熱源とする他，ガスエンジンや燃料電池を介して電気を得ることができ，さらに水素燃料の原料ともなる。

　次に，未利用バイオマスが挙げられる。これには，森林から搬出されない間伐材，あるいは立木を丸太にする際に出る枝葉や梢端部分等の森林に放置される林地残材，そして稲わら，籾殻等が含まれる。

　そして，資源作物には，我が国で栽培されている作物としては，サトウキビやテンサイ，トウモロコシ，コメ等があり，これらはバイオエタノールの原料として利用できる。また，ナタネや大豆等はバイオディーゼルオイル（BDF）の原料になる。この他に，バイオ燃料の原料として，近年，微細藻類が注目されている。

バイオマス資源利用の基本

　このバイオマス資源の利用の基本は，カスケード利用である（**図表9-2**参照）。カスケード（英語 cascade）の原義は，連なった小さな滝である。つまり，バイオマスを利用するとき，エネルギー資源としてのみ使うのではなく，経済価値の高いものから低いものへと多段階に利用することが重要であり，そのほうが資源利用の全体としての価値を高める。コメを例に挙げるならば，まず，単価の高い有用成分を抽出して医薬品や化粧品として使うことを考える。あるいは，高級日本酒の原料とする。次に，人間の食料として，主食や加工食品として利用し，食用にならない古い米等は家畜用の飼料として使う。その後に，エネルギーとしての利用を考える。その場合でも，品質に対する要求水準のより高いバイオエタノール等のエネルギー原料として販売が可能であれば，まずそうする。それにも利用できない，食品加工残渣や家畜ふん尿は，メタン発酵の原料としてエネルギー回収を図る。そして，最後の発酵残渣や消化液は，堆肥や液肥として作物栽培に利用してバイオマスの再生産を図る。

図表9-2　バイオマスは，カスケード利用が基本

医薬品・化粧品
食　料
飼　料
エネルギー　（メタン，水素，電気）
肥　料　　　（堆肥，液肥）

良質な有機廃棄物
固定価格買取制度の導入

付加価値が高い
付加価値が低い

（出所）　筆者作成

　このような販売単価の視点からバイオマス利用を眺めるならば，まずは高付加価値販売を念頭に経済活動を行い，エネルギー利用は低コスト生産に主眼をおくことが望ましいことがわかる。

3　バイオマス・エネルギーの特徴

　次に，このようなバイオマス資源のエネルギー利用について，石油や石炭，天然ガス等の化石燃料や太陽光，風力，地熱，潮力等の再生可能エネルギーと比較するとき，以下のような特徴を持つことが知られている。

　第1に，化石燃料は枯渇性の資源であるの対し，バイオマスは，適切に生産環境を維持し，過度の収穫を行わないかぎり，永続的に利用できるエネルギー資源である。例えば，適切に森林環境を維持し，林地の土壌を保全し，植林等を行い続けるならば，我々は持続的に木質バイオマスを収穫でき，エネルギーとして利用し続けることができる。しかし，それを怠ると，本来は再生可能な森林も，荒廃地となり，木質バイオマスの再生産が困難となる点は，記憶に留めておくべきである。

　第2に，バイオマスは賦存量が大きく，広域に存在する点である。石油や石炭などの化石燃料は，世界の中でも特定の国や地域に偏在している。そのため，

化石燃料は戦略物資となり得る。しかし、バイオマスは、広く薄く、そして多量に存在している。そのため戦略物資とはなり難く、エネルギーの大半を海外に依存している我が国とっては、ありがたい資源である。しかし、稲わらや林地残材のように、広く薄く存在しているために、収集・貯蔵コストが大きい。また、家庭から出る生ごみのような有機廃棄物であれば、いかに低コストで分別回収するかという課題がある。

第3に、バイオマスはエネルギーとして貯蔵が容易である。太陽光発電であれば太陽の出ているときだけ、風力発電であれば風の吹いているときだけ発電できる。そのため、我が国における太陽光発電の平均稼働率は12％であり、その結果、需要に応じて供給するためには、効率的な蓄電装置の開発が必要となる。他方、バイオマスは個体や液体として、あるいはバイオガスは気体として貯蔵ができるので、エネルギー供給量の変更も容易であるとともに、連続的稼働が可能であるので、供給施設は効率的な運営が行える。

第4に、バイオマスはカーボンニュートラルであり、エネルギー利用に際して排出される二酸化炭素と、植物が吸収した二酸化炭素が同じ量である。そのため、地球温暖化防止に大いに貢献できる。ただし、バイオマス単体でエネルギーを取り出すことはできないので、厳密な意味では、そのエネルギー生産において二酸化炭素の発生を伴うが、効率的な生産を行うかぎり、相対的に二酸化炭素の発生量は少ないエネルギー資源と言える。

我が国におけるエネルギー需給見通しと固定価格買取制度における課題

ここで、我が国における長期エネルギー見通しとその位置づけを、資源エネルギー庁（2015）の資料に基づいて見ていく。まず、**図表9-3**に、2030年における一次エネルギーの供給見通しを示す。一次エネルギーとは、石炭や石油、天然ガス、水力など、自然にあるままの形状で得られるエネルギーのことである。これに対して、ガソリンや電気など使いやすく加工されたエネルギーのことを二次エネルギーという。我が国で供給可能な一次エネルギー源は水力発電が中心であり、石油や石炭は、そのほとんどを海外からの輸入に頼っているため、エネルギー自給率は6％であった。そこで、エネルギー源を多様化し、太

第9章　バイオマス・エネルギー供給の可能性と課題―メタン発酵を中心にして

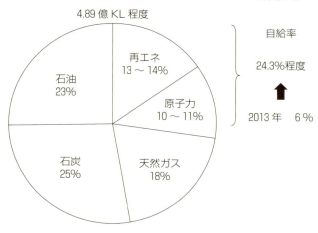

図表9-3　2030年における一次エネルギーの供給見通し

（出所）　資源エネルギー庁「長期エネルギー需給見通し　骨子(案)」総合資源エネルギー調査会，長期エネルギー需給見通し小委員会（第8回会合）資料3，2015年4月28日

陽光や風力などの再生可能エネルギーと原子力により，2030年には原油換算で4.89億KL程度の必要が予想される一次エネルギーについて，自給率を24.3％にまで高めることを目標としている。

次に，**図表9-4**で2030年度の総発電電力量に占める再生可能エネルギーの構成比率の見通しを見る。総発電電力10,650億kWhのうち，再生可能エネルギーによる割合は22％～24％としている。その中で，バイオマス由来のエネルギーは3.7％～4.8％で，水力8.8％～9.2％，太陽光7.0％に次ぎ，3番目に大きな割合を占めている。

このような再生可能エネルギーの供給拡大を目指して，2012年に再生エネルギーの固定価格買取制度が導入された。高めに設定された調達価格のおかげで，太陽光発電は急速に伸び，2017年3月時点で，導入量の約95％，認定量の約80％を占めるに至った（資源エネルギー庁，2017）。

その結果，調達価格の大幅な見直しが行われている。例えば，2012年では，10 kW以上の施設で1 kWh当たり調達価格が40円＋税であったのが，2017年には10 kW以上2,000 kW未満の施設で21円＋税，2,000 kW以上の施設では入札制度を導入するなど，政策的介入の程度を大幅に低めている。

図表9-4　2030年度の総発電電力量に占める再生可能エネルギーの構成比率の見通し

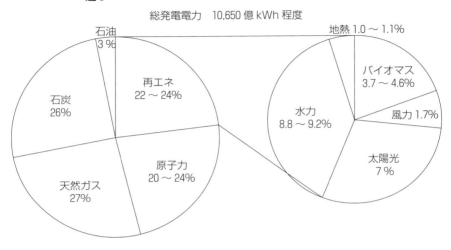

　これに対し，多くのバイオマス由来の電源では，供給が十分でないため，調達価格は据え置かれたままである。しかし，バイオマス発電の区分のうち，「一般木質バイオマス・農作物残渣」は例外で，特別な伸びを示し，FIT認定量の9割を占めている（資源エネルギー庁，2017）。2017年3月時点で，この区分のバイオマス発電の認定量は1,147万kWに達しており，2030年のベストミックス目標における同区分の導入量274万〜400万kWの想定はもちろん，バイオマス全体の導入量602〜728万kWの想定さえもすでに超過している。問題なのは，そのエネルギーの生産構造であり，原料の海外に割合が高く，安定的な燃料確保の視点から問題である。件数では，燃料にパームオイルを含むものは38％，燃料にパームオイルを含まないもの（内，パーム椰子殻を含むもの）は54％で，両者を合わせると87％が海外依存である。出力で見ると，前者が38％，後者が45％で，合わせて83％となり，エネルギー自給とは程遠いのが現状である。そのため，この区分の調達価格のみ，2017年10月には24円／kWhから21円／kWhに引き下げられた。

　さらに，この区分のバイオマス発電が，他の再生可能エネルギー電源と大きく異なる点として，事業費に占める燃料費の割合が約70％と高いことが挙げら

れる。そのため，このような費用構造を持つバイオマス発電が将来的にFITから自立できるか，莫大な国民負担をいかに軽減するか，加えて原料輸入国への自然・環境への配慮など，課題が多い。

3 湿潤系バイオマスのエネルギー利用における環境改善効果

① バイオガスプラント導入によるエネルギー供給と環境改善

以下では，持続可能な循環型社会の確立に向け，重要な役割を持つ有機廃棄物のエネルギー利用の中でも，湿式メタン発酵について，**図表9-5**に示す。湿式メタン発酵の原料は，含水分率の高い生ごみや食品加工残渣，家畜ふん尿，

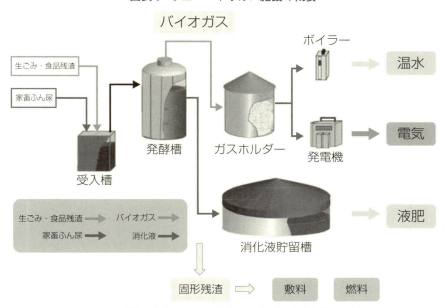

図表9-5　バイオガス施設の概要

（出所）　バイオガス事業推進協議会『バイオガス事業の栞［平成27年度版］』，一部修正

さらには浄化槽や下水の汚泥等である。そして，酸素の存在しない嫌気性条件下で働く嫌気性細菌により，有機廃棄物中の有機物が分解され，バイオガスが発生する（詳細は，野池（2009）を参照のこと）。原料にもよるが，バイオガスの約60％前後がメタンガスであり，ガスホルダーに貯めて，ボイラーで燃焼させて熱源とする。発電に利用する場合は，ガスエンジンなどで電気を得る他，排熱も有効使用するシステムもある。その場合，メタンガスに含まれるエネルギーの約35％程度が電気として，約30％程度が熱として回収される。ドイツ等では社会インフラが整っているため，排熱が地域暖房に有効活用できている。しかし，我が国の場合，地域暖房等の社会インフラが整っていないため，排熱の有効活用が課題である。

　この湿式メタン発酵の過程では，投入した重量とほぼ同じメタン発酵消化液が発生する。消化液が利用される場合には，貯留槽に貯められ，肥料の必要な時期に農地に散布される。利用されない場合には浄化処理されるが，大量に発生するため，高額な処理費用が課題となっている。また，発酵槽に蓄積した汚泥などの発酵残渣は，固液分離して乾燥させ，燃料などに利用される一方，再利用されない場合には焼却や埋立処理される。

　ここで消化液の処理問題に注目する。ドイツ等の欧州では，圃場面積が大きく，消化液の農地への散布が容易であるため，メタン発酵施設が農村地域に立地する場合，消化液への対処は大きな問題とならない。他方，我が国，特に，本州以南の場合，一筆当たりの農地面積が小さく，まとまった面積の農地を確保することが容易でないため，消化液の利用が隘路となって，メタン発酵施設の建設が進んでいない。

　そこで，消化液問題への対処として，そもそも消化液の発生量が少ない，あるいは発生しないと特質を持つ乾式メタン発酵の研究や施設導入が進められている。その場合，生ごみに廃棄紙や草木など加えて，含水率を15-40％程度に調整した原料が用いられるのは，先に述べたとおりである。他方，近年では，消化液の濃縮，あるいは消化液から肥料成分を分離濃縮回収して，消化液利用の利便性を高める研究も行われており，消化液濃縮も実用化が近い。

第9章　バイオマス・エネルギー供給の可能性と課題——メタン発酵を中心にして

バイオガスプラント導入の効果

　メタン発酵には，上述のような課題があるものの，それらの課題を地域の住民や農家の協力で解決し，地域振興に役立てている事例も少なからずある。特に，北海道では，消化液の利用問題への対処が，比較的容易であるため，農村部に立地するメタン発酵施設が多い。そこで，改めて，メタン発酵プラント導入の効果について見ていく。

　まず，自立的なエネルギーの確保が挙げられる。エネルギーの原料は，家庭の生ごみや家畜ふん尿であり，それらは社会にとって厄介者であった。しかし，メタン発酵施設を導入するならば，メタンガスを熱源として，あるいは電源として利用できる。さらに発電の際に出る排熱は，施設内で温水等として活用できる。

　次に，固定価格買取制度を活用することにより，電力の高価格販売が可能となる。しかも，20年間その価格が保証される。ただし，施設が立地する条件によっては系統接続ができない場合などもある。しかし，その場合でも，FIT導入前の1999年度から長岡市中央浄化センターのように，都市ガスの原料として販売している事例もある。

　また，メタン発酵後の消化液や発酵残渣も有効活用できる。特に，消化液を処理しないで，近隣農家に供給できる体制が構築できた場合には，施設事業者にとっては消化液の浄化費用が節約できるうえに，消化液の販売収入も得られる。近隣農家にとっては化学肥料よりも安価に肥料が入手でき，地域住民にとっては自分たちが出す有機廃棄物の浄化・焼却処理が節減できるという，三者にとってメリットのある関係が成り立つ。

　この他，畜産農家がメタン発酵施設を導入した場合，悪臭・環境対策に有効である。つまり，密閉プラント処理により，外部への臭気拡散が大幅に低減するので，周辺住民からの苦情が減少し，また，消化液は散布量管理が容易なため農場周辺の水質改善にも役に立つ。さらに，家畜排せつ物の処理を堆肥生産から液肥利用にすることで，①散布労働が機械化されて労働負担が軽減できる，②発酵期間が6ヶ月から1ヶ月に短縮されるので，施設運用がより効率的になる。このように，畜産経営に大きなプラスの効果をもたらすので，北海道の大

規模畜産経営では、メタンガス施設の導入が進んでいる。

4 我が国における湿潤系バイオマス利用の先進事例

　代表的なメタンガス施設導入の先進事例を紹介する。この事例紹介でもわかるように、メタン発酵施設は、メタンガス発酵の技術や施設に加え、さまざまな社会経済的、技術的条件との有機的な関連付けのうえで、事業として成り立っている。最初の事例は、地方中核都市がメタン発酵消化液を処理している事例であり、次の2事例は、農村部での立地を活かして消化液を有効利用している事例である。

新潟県長岡市の事例

　新潟県長岡市は、人口約28万人の地方中核であり、同市の生ごみバイオガスセンターは、自治体の生ごみ処理施設としては国内最大規模であり、市内全域から収集された生ごみをメタン発酵処理し、発生するバイオガスにより発電を行うとともに、発酵残渣も固形分は全量利用し、消化液の脱水ろ液は放流基準まで希釈して、下水処理場へ送水する。この事業では、公共事業の運営等に民間企業の資金やノウハウを活用することにより、効率的に公共サービスを行うPFIが採用され、その中でも、民間企業が設計・施工、運営管理を行い、施設建設後に所有権を市に渡すBTO方式をとっている。長岡市は、株式会社 長岡バイオキューブ（バイオ社）と総額47億円（設計建設19億円、運営管理28億円）で事業契約を結び、ごみ焼却場や下水処理場のある施設の一角に建設された。施設の処理能力は65 t／日（発酵対象55 t／日）である。処理法は湿式メタン発酵設備で、バイオガス発電設備は560 kWである。2016年度は、269万kWh（一般家庭の約660世帯分）を発電し、余剰電力236万kWh（一般家庭の約580世帯分）を送電した。また、発酵残渣391 tを民間のセメント工場などの燃料として売却している（長岡市, 2017）。なお、施設の建設は2011年4月から始まったが、FITは2012年7月からの導入であるため、事業計画には売電収入は含まれていなかった。したがって、200 kWh以上の売電は事業計画になかった追加収益を生み出しており、その一部は委託管理費用の変動費部分をバイオ

図表9-6　長岡市生ごみバイオガス化施設の発酵槽

社が負担して市に還元されるとともに，残りはバイオ社の収益となっている。

　長岡市で取り組まれた生ごみ分別とメタン発酵施設の導入については，市長からの指示ではなく，自主的に市環境課の中から，ごみ有料化の次の活動として始まったものである。その場合，生ごみ分別については，モデル地区を導入しなかったものの，市の広報活動に加え，560回ほど地元説明会を勤務時間外に実施したそうである。

　生ごみ分別は，強化袋で破れにくい専用の袋を使用し，パッカー車で回収している。生ごみ用袋の大きさは10Ｌ，5Ｌ，2Ｌの3種類があるが，生ごみはかさばらないことと，市民は早く出したいと思うので，小袋が好まれる。なお，紙おむつは，臭いがするので，可燃ごみの袋に入れて生ごみと一緒に収集している。この紙おむつの回収については，審議会のなかで議論され，生ごみ分別・回収の導入をスムーズにするため，生ごみと同様に回収することにした。紙おむつは，乳幼児よりも，介護老人のものであり，処理工程の中で，機械で粉砕して生ごみと分離し，不適物とともに焼却処分している。回収した生ごみ

の25％程度が，紙おむつや不適物である。不適物を除いた生ごみ処理量は，30 t／日程度であり，計画の55 t／日よりは少ない。

　しかし，長岡市（2018）によれば，2012年度では燃やすごみが67,571 tであったが，2017年度には総量で62,068 tと8％減少している。そのうち燃やすごみは52,074 tへと23％減少し，生ごみは9,994 tとなっている。

　この生ごみは週2回，燃えるごみは週1回の収集である。生ごみ分別導入前は，週3回のごみ収集だったので，生ごみ分別に伴う収集費の増額は発生していないことになる。ただし，導入当初は，燃えるごみの収集回数が3回から1回に減ったため，ごみ袋がごみ置き場に溢れて苦情が出た。ごみの中身を詳しく調べたところ，紙と布・衣類が多かったので，古紙と布・衣類を別に回収するようにした。その結果，今では，ごみ袋が溢れることはなくなったという。

　生ごみ分別への経済的誘因については，回収袋に多少の価格差をつける程度である。つまり，生ごみでも処理費用がかかるので，燃えるごみ，生ごみとも有料のごみ袋で収集している。燃えるごみは1.3円／L，生ごみは1円／Lのごみ袋の値段を設定としている。なお，生ごみの処理費用は，減価償却費は含まずに，人件費込みで8,400円／tである。他方，焼却処理・埋め立て費用は17,000円／tであるから，生ごみの処理費用は減価償却費を含めても，焼却費処理よりも低コストであることがわかる。

北海道鹿追町の事例

　北海道鹿追町は，十勝平野の中心に位置し，人口約6,000人で，第一次産業人口が35％を占める。また，農業産出額約215億円（2015年）の内，酪農が49％，畜産は23％，畑作は28％を占め，酪農が町の基幹産業である。十勝地域には，20以上のバイオガスプラントがあるが，2007年から稼働している鹿追町環境保全センターは，家畜ふん尿を主要原料としたメタン発酵施設としては，国内最大級である。建設費は約17億4,500万円で，計画処理量は家畜ふん尿136 t／日，生ごみ2 t／日，浄化槽汚泥等2 t／日である。同センターには，バイオガス施設と堆肥化施設があり，バイオガス施設では，乳牛ふん尿86 t／日，敷料等4 t／日，車両洗浄水5 t／日が処理される（鹿追町，2016）。発電した電気については，設立時には施設内電力自給を目的としていたため，50％を自

第9章　バイオマス・エネルギー供給の可能性と課題——メタン発酵を中心にして

図表9-7　鹿追町環境保全センター

（出所）鹿追町提供

給用とし，30％を売電としていた。しかし，FIT導入後，電力の80％を売却することで，施設運営は黒字に転換している。

　原料となる家畜ふん尿は，11戸の近隣酪農家から受け入れている。農家によって家畜ふん尿の性状が異なり，敷料等固形物の多いものや，水分量の多いもの等があるため，農家毎に堆肥にするかバイオガス原料にするかを決めている。また，ふん尿の運搬にはアームロール車を用いる。この車輛は，観光地に位置するため，観光客への配慮もあって，中が見えないよう箱形になっている。また冬季にはふん尿が凍結してしまわないよう，車輛の排気ガスによって暖められるように工夫されている。施設利用料としては，家畜ふん尿処理料12,340円／頭であり，消化液の販売価格は，ふん尿を提供する酪農家が自分で散布すると液肥価格51円／tのみの負担であるが，液肥撒布までを依頼すると，撒布代510円が51円に加わり561円／tとなる。他方，耕種農家が消化液散布を依頼すると，510円に，液肥価格102円が加わり612円／tとなる。

　生産された消化液の約半分は，畑作農家が利用して肥料代を20％削減してい

る。他方，酪農家は，飼料生産量を減らさないように化学肥料も使用するため，必ずしも肥料代の節約にはなっていない。しかし，堆肥に比較して液肥は散布が容易であるので，牧草地には多く使用している。

同センターでは，マンゴー栽培も行っている。国内産マンゴーが出回らない12月の出荷に合わせて生産している。栽培方法としては，降雪を貯めておき，その雪によって温室内の室温を下げることで植物にショックを与え，花を咲かせる。都内の百貨店等にも出荷し，一玉2万円ほどで販売している。チョウザメの養殖も行い，キャビアとなる魚卵を作るまでに8年かかるが，チョウザメ肉は近隣のレストランでも食べられるようになり，チョウザメ料理も普及し始めている。

この他，町内2番目のプラントとして，瓜幕バイオガスプラントが2016年4月より稼働している。同センターの2.2倍の規模で乳牛ふん尿等210t／日の処理能力を持ち，建設費用約28億円である。なお，FITを利用し，20年間の稼働により，設備投資は回収できる見込みである。

町担当者の意見として，この施設は，ふん尿の適正処理のための施設であり，発電により利益を得る施設という意識はない，という。瓜幕地域でも酪農の規模拡大が進み，ふん尿処理問題に対処するため，地域からの要望を受けて実現した。他の地域でも同様の問題を抱え，プラント建設が望まれており，あと2基の集中型プラントを設置することで，個別型をあわせると町内全地域がカバーできる見込みであると言う。

この他，同センターには，再生可能エネルギー等からの水素製造・貯蔵・輸送・利用までを一貫して実証する，環境省の地域連携・低炭素水素技術実証事業（低炭素な水素サプライチェーン実証事業）の一環として，実証施設「しかおい水素ファーム」も設置されている。

新潟県瀬波町の事例

新潟県村上市（人口約65,000人）の温泉街にある，株式会社開成（以下，開成）は1999年に設立され，米穀の卸・小売と食品加工（菓子製造業）に加えて，処理能力4.9t／日の「瀬波バイオマスエネルギープラント」を2012年に設置した。このプラントでは，近隣の旅館街などから回収した事業系食品廃棄物を乾式メ

第9章　バイオマス・エネルギー供給の可能性と課題——メタン発酵を中心にして

図表9-8　(a)瀬波バイオマスエネルギープラント

（出所）　筆者撮影

(b)瀬波南国フルーツ園

（出所）　筆者撮影

163

タン発酵させ，電気と温水，そして液肥を生産している。また，関連会社としてカイセイ農研株式会社があり，瀬波南国フルーツ園を運営するとともに，米と大豆の生産，南国フルーツの栽培，ジェラートの製造販売を行っている（開成，2013）。このカイセイ農研は30 ha の水田を耕作する農業生産法人として1998年に始まった法人である。

バイオマス事業導入の目的が廃棄物処理と FIT 利用が多い中，開成は肥料作りを目的としてメタン発酵プラントを導入した。つまり，消化液利用による肥料代の削減とフルーツ園等の展開による農業収益の拡大が，その第1の目的である。もう1つの目的は，食品廃棄物処理の事業収入である。そして，この2つを有機的に連携させて事業展開を図っている。

食品廃棄物の分別回収は，近隣の瀬波温泉の旅館と，4つのスーパーマーケットから，開成が提供するバケツに分別されて行われる。廃棄物処理費は従来の処分費用よりも安くしている。回収された食品廃棄物は，プラントの投入室へと運ばれ，手選別で異物が取り除かれ，破砕されて，メタン発酵漕に送られる。生成したメタンガスにより，温室ハウス内の発電機で電気と温水が供給される。温水は，ハウス内の地中温水管を通して地温の加温に使用しているが，太陽光のみで室温を上げているので，真冬には0度近くまで下がってしまう。しかし，品種改良と他の加温のシステムにより，南国フルーツの生産が可能になっている。また，電気は FIT を利用して販売している。

消化液は，年間約300 t 発生する。また，消化液ともみ殻，おがくずを混ぜて堆肥も作っている。製造された液肥や堆肥は，すべて自社農場で使用され，年間約3,000万円の肥料代の削減効果を持つ。稲作30 ha，畑作（大豆）50 a，温室15 a を経営しており，生産された米は，循環型農業栽培のお米「じゅんかん米」として販売する他，米の加工販売も行っている。

温室ハウスで栽培している南国フルーツは10種類ほどである。代表的なものは，パッションフルーツで，新潟県内に留まらず，東京銀座の高級フルーツ専門店「千疋屋」でも販売されている。パッションフルーツは需要が高く，生産が間に合っていない。さらにフルーツは，果物販売に加え，ジェラートとしても販売している。温室ハウスでの栽培に必要な肥料，熱源，電気などは，ほぼ自社生産のため，栽培コストを最小限に抑えている。

このように，開成の収入は，農産物販売収入，売電収入，廃棄物処理収入，加工品販売収入の4つから構成されている。その4つの中でも，米やフルーツの農産物販売収入が全体の約60％を占めており，売電収入と廃棄物処理収入は各約15％，加工品販売収入は約10％を占めているという。

5 まとめ—窒素循環の視点から

以上，バイオマス・エネルギー利用について，メタン発酵を中心に述べてきた。そのポイントは，先進事例の取り組みからもわかるように，バイオマスのカスケード利用であり，バイオマスの多段階利用の中に，うまくエネルギー利用を位置づけて事業収益を上げるとともに，地域に対しては持続可能な社会の確立と地域分散型エネルギー供給に貢献している。

最後に，本章を終えるにあたり，窒素循環の視点の重要さも指摘しておきたい。科学技術振興機構　研究開発戦略センター（2012）は，今後，国として重点的に取り組むべき研究開発の戦略として，「戦略プロポーザル　持続的窒素循環に向けた統合的研究推進」に関する報告書を2012年に公表している。そこでは，「すでに国際的な課題として認知されている気候変動と生物多様性の喪失とともに，各種の物質循環も重要な課題である。とりわけ，化学肥料合成および大気汚染による窒素循環の改変の大きさは，生物による自然の窒素循環と同規模と推定されている。地域によっては硝酸等による水質汚染や水域の酸性化・富栄養化による生態系影響が生じており，国境を越える物質の動きも認識されている。窒素循環は持続性の限度を超えていると考えられている」と問題を提起している。この提言に，エネルギー領域に焦点を当てた窒素循環研究が加えられるならば，さらに深みと広がりを持つと考える。

一例を挙げると，人為的な窒素循環の攪乱と環境汚染の主要原因の1つである窒素肥料の製造には，多くの天然ガスが使用されている。例えば，世界の大豆生産には，天然ガス換算で約1.5％に相当する1,800万tの窒素化学肥料が使用されている。農業生産には毎年約8162.5万tの窒素肥料が使われ，その大部分は天然ガスから作られるアンモニア肥料であることから，世界の食料生産には大規模な化石エネルギーの消費が伴っていることがわかる（横山，2017）。

加えて，家庭から出るごみを含む一般廃棄物については，年間約1兆4,000億円の費用とエネルギーをかけて処理されており（環境省，2017），その約40％は有機廃棄物である。それゆえ，家庭系有機廃棄物を効率的に収集・循環利用できる技術と社会システムが開発されるならば，都市部と農村部とが連結した窒素循環が一層推進される。その場合，窒素循環の大きな隘路であったメタン発酵消化液の活用が，不可避の課題となるが，筆者らの濃縮液肥研究グループでは，メタン発酵消化液からの肥料成分の分離濃縮回収と汚泥等の液化研究を行っており，ほぼ実用化の目処がついている。

　以上，バイオマス・エネルギーの供給も，個々の部分技術だけでなく，それを支える社会的インフラと制度，そして市民の生活様式の変容が相まって，より効果的な結果が生み出される。その結果，エネルギー自給率の向上，持続可能で低炭素・循環型社会の構築に大きな貢献もたらすと期待できる。

■参考文献

株式会社開成（2013）「バイオマス発電を利用した循環型農業（社会）システム」農林水産省ホームページ。
　http://www.maff.go.jp/j/council/seisaku/syokusan/recycle/h25_02/pdf/doc2_2.pdf
環境省（2016）「廃棄物系バイオマス利活用導入マニュアル（詳細版）（案）」
環境省（2017）「平成28年度版環境統計集」
　http://www.env.go.jp/doc/toukei/contents/4shou.html#4shou
鹿追町（2016）「鹿追町環境保全センターの取組み」
　http://www.fujitsu.com/downloads/JP/archive/imgjp/group/fri/events/other/20140304shiroishi.pdf
資源エネルギー庁（2015）「長期エネルギー需給見通し骨子（案）」総合資源エネルギー調査会，長期エネルギー需給見通し小委員会（第8回会合）資料3，2015年4月28日。
資源エネルギー庁（2017）「再生可能エネルギーの現状と本年度の調達価格算定委員会について」調達価格等算定委員会（第30回）配布資料1，昭和29年9月28日。
　http://www.meti.go.jp/committee/chotatsu_kakaku/pdf/030_01_00.pdf
独立行政法人科学技術振興機構研究開発戦略センター（2012）「戦略プロポーザル　持続的窒素循環に向けた統合的研究推進」，45頁。
長岡市（2018）生ごみバイオガス化事業
　http://www.city.nagaoka.niigata.jp/kurashi/cate08/biogas/
野池達也編著（2009）『メタン発酵』，技報堂出版，283頁。
横山正（2017）東京農工大学植物栄養学研究室ホームページ，教員紹介（横山正教授）。
　http://kenkyu-web.tuat.ac.jp/Profiles/4/0000309/profile.html

第10章
エネルギーマネジメントシステム
―電気エネルギーを中心として

1 はじめに

　本章では，エネルギーの供給と利用を適切に計画・制御するエネルギーマネジメントシステムについて，電気エネルギーに焦点を当て，まず近年の状況変化とそれに起因する課題を概説する．さらに，この課題を解決するために新しいエネルギーマネジメントシステムが具備すべき特徴を示し，特に重要となる需要の取扱い・制御と不確実性の取扱いの例を紹介する．

2 電気エネルギーとエネルギーマネジメントシステム

 電気エネルギーの特徴

　電気は住宅，商業施設，オフィス，工場，農場，交通，上下水道，通信など社会のあらゆる場所で，光，動力，熱の源として，また各種電気電子機器の駆動源として利用されており，電気エネルギー無しでは社会は立ち行かない．電気がこのように多様な用途に活用されている背景には，変換効率が高く，電線さえあればほとんど瞬時に伝送でき，また電気を利用する場面では排気ガスや廃棄物を出さないという利点がある．一方で，電気エネルギーは，大容量，高効率，低コストの貯蔵装置が現時点では無いという弱点を持っている．大量貯蔵ができないため，電気エネルギーの消費と同時に同量の電気エネルギーを供給しなければならない．

エネルギーマネジメントシステム

近年，FEMS（Factory Energy Management System），BEMS（Building Energy Management System），HEMS（Home Energy Management System），CEMS（Community Energy Management System）などの用語がよく聞かれる。エネルギーマネジメントについて定めた ISO（International Organization for Standardization）の規格 ISO 50001では，まず，各組織はエネルギー利用について目標とポリシーを定めるものとされている。その上で，エネルギーマネジメントシステムは "set of interrelated or interacting elements to establish an energy policy and energy objectives, and processes and procedures to achieve those objectives" であるとされている（ISO, 2011：Section 3）。その背景には "to lead to reductions in greenhouse gas emissions and other related environmental impacts and energy cost through systematic management of energy" という狙いがある（ISO, 2011：Introduction）。すなわち，エネルギー効率，エネルギー利用，消費を改善し，温室効果ガスなどの環境への悪影響とエネルギーコストの削減を実現することを目的としている。なお，ISO ではエネルギーマネジメントシステムの略称として EnMS を使用しているが，本章では通例に従って EMS と表記する。

従来，エネルギー管理は，主として工場などの大量にエネルギーを利用する事業所において，電気，熱などのエネルギーの利用を合理的に行うこととされていた。自家発電設備などを有する事業所以外では，エネルギーの利用が管理の対象であり，省エネルギーに主眼が置かれていた。これは，電気エネルギーの需要と供給が同時同量でなければならないという制約を，電気エネルギー供給者である電力会社が，需要の変化に応じて供給を適切に制御することによって満たしていたためである。しかし，次項に述べるような新しい要素や状況が登場してきたために，近年ではこの供給事業者による適切な制御が困難になりつつあり，これを受けて電気エネルギーに関しては，EMS に期待される役割が変化し，かつより重要なものになってきている。

電気エネルギーマネジメントに影響を与える状況

電気エネルギーの供給と利用を取り巻く状況は，エネルギーマネジメントに

第10章 エネルギーマネジメントシステム—電気エネルギーを中心として

影響を与える。以下に，近年の状況とそれがエネルギーマネジメントにもたらす課題や困難を述べる。

世界全体の一次エネルギーの需要は増加している。**図表10-1**に示すように，特にアジア太平洋，中東，アフリカ，中南米地域で増加している。一方，日本，北米，ヨーロッパ・ユーラシア諸国では需要はほぼ横ばいかやや減少傾向である（BP, 2016）。日本の最終エネルギー消費は，**図表10-2**に示すように減少傾向にある（資源エネルギー庁，2016a）。ただし，電気エネルギーに限定するとその需要はほぼ横ばいである（**図表10-3**参照）（資源エネルギー庁，2016a）。エネルギー需要は，人口の増減，生活レベルの変化，景気動向などに左右される。さらに，例えば電気自動車などの新しい装置の普及は，必要とされるエネルギー形態の変化（ガソリンから電気）をもたらす。省エネルギーの努力は重要かつ必須であるが，必要な量のエネルギーは当然供給していく必要がある。

また，発展途上国では，発電・送配電設備が不十分なため必要な電気エネルギーが供給できていない。IEA（International Energy Agency）（IEA, 2016）によると，世界全体の電化率（総人口に対する電気が利用できる人口の割合）は84％である。しかしサハラ砂漠以南のアフリカ諸国に限ると電化率は35％と低い。

図表10-1 ■ 世界の一次エネルギー消費量の動向。2000年を1とした相対値（BP Statistical Review of World Energy June 2016記載の数値を基に作成）

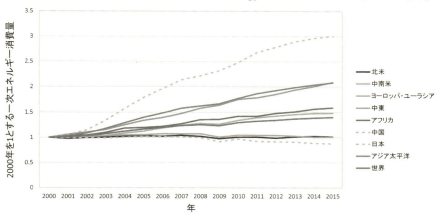

図表10-2 ■ 日本の最終エネルギー消費の動向（エネルギー白書2016記載の数値を基に作成）

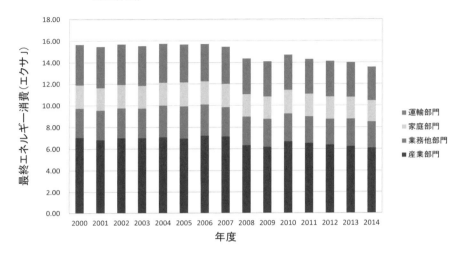

図表10-3 ■ 日本の電気／非電気エネルギー消費の動向（エネルギー白書2016記載の数値を基に作成）

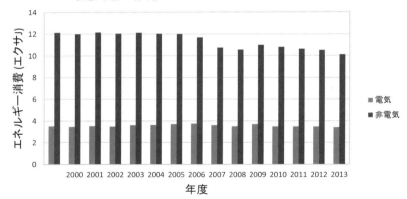

　発電・送配電設備が整備されている国々にも課題が生じている。コストを低減し電気料金を抑制するためには，既存設備の稼働率向上や，設備老朽化程度の正しい推定に基づく設備の使用期限延長などが有効である。この他にも，東日本大震災の後の電力供給能力不足は，大災害時にも電気エネルギーの供給が

第10章　エネルギーマネジメントシステム—電気エネルギーを中心として

継続できる仕組み，事故発生時の速やかな復旧などが重要な課題であることを改めて認識させた。これらにも，設備増強は有効な手段であるが，やはりコストの課題を抱えている。既存設備を有効に活用しながら課題を解決することが重要である。言い換えると，ハードウェアのみによる解決ではなく，ソフトウェアも併用した解決が重要である。エネルギーマネジメントはこのソフトウェアによる解決に大きく貢献する。

　もう1つの大きな世界的課題は，温室効果ガス排出量の削減である。パリ協定で「世界の平均気温上昇を産業革命以前に比べて2℃より十分低く保ち，1.5℃に抑える努力をする」ことを目標とする決定がなされた。化石燃料を用いた発電は二酸化炭素を排出するため，これを抑制することが必要である。このために近年盛んに導入されているのが，再生可能エネルギー源を用いた発電である。これには，水力，風力，太陽光，太陽熱，地熱，バイオマスなどのエネルギー源による発電がある。このうち，風力発電と太陽光発電が多く導入されているが，これらは風あるいは日射という自然現象に依存して発電出力が大きく変動するという課題がある。

　他方，上述の課題や困難を解決するための装置，手段，方策の提案や検討がなされている。

　需要と供給を同時同量とするためには，電気エネルギーの貯蔵は大きな効果を持つ。特に，自然条件に応じて発電出力が変動する再生可能エネルギー発電が大量に導入された場合に有効である。需要が少ない時間帯には再生可能エネルギー由来の電気エネルギーが過剰となる可能性がある。この電気エネルギーを貯蔵することにより，この時間帯の需要と供給の同時同量を達成する。さらに，貯蔵された電気エネルギーを需要が多い時間帯に利用して，この時間帯の需要と供給の同時同量に貢献するとともに，エネルギーを無駄にせず，発電コストの低減も実現できる。現在，実用化されている大容量の電気エネルギー貯蔵装置は揚水発電のみである。これは，水を電動機駆動のポンプで貯水池にくみ上げることと，貯水池の水を落下させて発電することができる設備であり，電気エネルギーを水の位置エネルギーとして貯蔵することができる。さらに，バッテリの性能向上の研究開発や実証試験も進んでおり，電気自動車搭載のバッテリをEMSに活用することも検討されている（鈴木他，2016）。さらに

は水電解による水素としての貯蔵の研究開発も進められている（渡邉他，2013）。今後の電気エネルギーマネジメントは，電気エネルギーの有効な貯蔵装置の存在を前提としたものとなると予想される。

　EMSの実装，実施に大きく寄与する状況変化は，情報通信技術（Information and Communication Technologies-ICT）の著しい発展である。大容量の無線通信技術は，遠隔地や極めて多数の地点の間の通信を可能にした。また，データマイニング，ビッグデータ解析，いわゆるAI（Artificial Intelligence），さらにセンシング，通信，情報処理技術が融合したIoT（Internet of Things）は，多数のバラバラに配置された装置から取得したデータを集約し，解析し，役立てることを可能にした。電気エネルギー供給における端的な例はスマートメータである。従来は，検針員による月に1回のメータ検針で1ヶ月分の電力消費量を把握していたが，30分ごとの消費電力量がリアルタイムに収集できるようになっている。

　データ収集がICT利用によって容易になったことも背景となって起こってきたもう1つの変化は，電気エネルギーの需要側の制御の実施である。従来は，需要の量は所与のものとし，それに応じて供給事業者が供給量を調整していた。しかし，自然現象に発電出力が依存する再生可能エネルギー発電の導入などが原因となって，需要と供給の同時同量の維持が難しくなってきている。そこで，需要の量を制御することによって同時同量を達成する方法が検討され，一部実用化されている。言い換えると，需要側が電力系統全体のマネジメントに貢献している。

　電気エネルギーの効率的で低コストな供給を目指して，電力供給に関わる制度も変更されつつある。日本では，2016年4月から電力小売りが全面自由化された（資源エネルギー庁，2016b）。電力小売事業に先立って発電事業も自由化されており，2020年からは発電事業，送配電事業，小売事業の分離が計画されている（資源エネルギー庁，2015）。これは，事業者間の競争が導入されることにより，電力供給サービスの質やコストが改善される効果が期待できる一方，需要と供給の同時同量という条件達成を複雑にする。また，従来は電力会社と需要家（消費者）という大別して2種類のステークホルダーしか存在しなかったが，電力供給に関わる事業者が種類別に分離されることにより，ステークホ

ルダーの種類が増え，その適切な利害調整がより重要となってくる．このことに関連して，電力市場の機能も追加されている（村上，2016）．市場は，適切に設計されて機能すれば，関係するステークホルダーの利害が調整され，各々の利益や効用を高めつつ，電気エネルギーの効率的で低コストな供給に寄与することができる．

新しいエネルギーマネジメントシステム

　上述のさまざまな新しい状況を踏まえ，電気エネルギーを対象とした新しいエネルギーマネジメントシステムには，次のようなことが求められる．

対象・条件：再生可能エネルギー電源，バッテリ，電気自動車，水電解装置，燃料電池，センシングデバイス，通信ネットワークなどの新しい装置も含めた，電気エネルギーの発生，輸送，消費，計測，制御に関わる装置が与えられ，さらに，電気エネルギー供給を行う各種事業者，需要家，アグリゲータなどのステークホルダーが与えられた場合に，

内容：装置類の利用方法を最適化する．

その際に，次のことが要求される．

要求：ステークホルダーの利害を調整し，結果として十分な質の電気エネルギーを効率的に低コストで供給，利用することができること．さらに，品質やコストに加えて，安全・安心，環境負荷，災害への耐性があること．

これを実現するうえで重要となるのは

- 問題分割，階層化，自律分散処理
- 予測と予測誤差への対処
- 多目的最適化
- メッセージ伝達

である．最適化の対象となる装置が多種多様かつ多数であることから，対象のすべて，例えば日本国内の電気に関わるすべての装置，を一括して取り扱うことは現実的でない．計測，通信，情報処理の能力や，装置類の所有者や使用者に応じた対象の分割や，階層化，自律分散的な取扱いなどが必要である．対象ごとにマネジメントを行う FEMS，BEMS，HEMS，CEMS はその例である．最適化の計算とその内容の実行の間には時間差がある．したがって，最適化の

計算は,実行時点の状況の予測に基づいて行う必要があり,予測に誤差が生じた場合の対処も重要である。また,ステークホルダーによって関心,利害,効用が異なることから,最適化は,良いか悪いかの判断基準となる目的関数が複数存在する多目的最適化として実施しなければならない。さらに,分割された複数対象の間や複数のステークホルダーの間の調整を図るためのメッセージ伝達や調整機構も必要となる。例えば,電気料金を上げると電気使用量は減ると想定され,電気料金は,あるステークホルダーから別のステークホルダーへのメッセージ伝達手段となる。加えて,IoTやクラウドなどは有効な手段であるが,それ自身がエネルギーを消費することに十分留意する必要がある。

以上のEMSを実現するための基礎として,データ収集,解析,推定,予測,最適化,変動や不確実性への対処が必要となる。さらに,電気エネルギーを使用するのは究極的には人であり,需要の制御では人が主役となる。このため,人の振舞いやその不確実さの把握や対処は極めて重要である。以上を踏まえた

図表10-4　エネルギーマネジメントシステムの概要

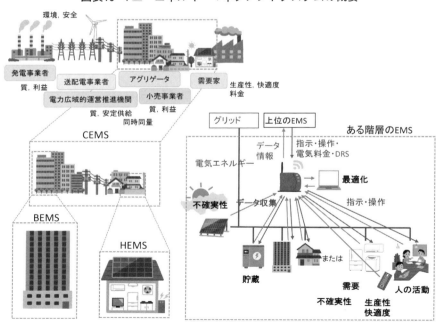

電気エネルギーマネジメントの概要を**図表10-4**に示す。

以下では，電気エネルギーマネジメントにおける人の振舞い，すなわち需要の取扱いと制御と，不確実性の取扱いとについて，いくつかの例を紹介する。

⑤ 需要に着目した電気エネルギーマネジメント

先に述べたように，電気エネルギー消費すなわち電力需要は，かつてのように電気エネルギーマネジメントを行う際の所与の条件ではなく，マネジメントの対象であり，マネジメントの目的を達成するための重要な要素となってきている。従来，電力供給の計画・運用では，需要の制御などはデマンドサイドマネジメント（Demand Side Management-DSM）と呼ばれてきた。近年，その中でも，デマンドレスポンス（Demand Response-DR）と呼ばれるものが注目されている。これは，文字どおりには，電気エネルギーの消費者である需要家が，電気料金の変更などに応じてその需要行動を変化させる（主に需要を減少させる）ことを意味する（FERC, 2010）。しかし，電気料金の変更などを利用して需要を変化させる手段や仕組みのことをデマンドレスポンスと呼ぶことも多い。なお，これは英語では demand response program と呼ばれ，需要家の反応そのものである demand response と区別される。本章では，電気料金の変更などを利用して需要を変化させる手段や仕組みを，demand response program の略である DRP と記すことにする。

需要家の電力消費行動の変化を引き起こすために需要家に与えられる刺激（demand response signal-DRS）には，電気料金の変更，行動変化への報酬（インセンティブ），情報提供，要請などがある。また，需要家自身が反応する場合と，電力を使用する機器や装置の使用状況が自動的に変更される場合（Automatic Demand Response）とがある。

DRP は多くの場合，供給能力の不足が予想される時間帯に電力需要を減らすことを目的とする。一方，太陽光発電などの再生可能エネルギー電源による発電電力が多く，余剰電力の発生が予想される場合は，需要を増加させる目的でも使用されることになる。

DRP が適切に機能するためには，需要家が DRS にどう応答するかの把握と，電力消費量を変更することによって生ずる需要家の不利益や効用低下の把握を

行い，これを踏まえて，需要家が無理なく応答できる範囲で需要を変更するDRPの設計が必要である。このための指標として，エネルギー消費量をその用途の達成度を表す数値で割ったエネルギー原単位を使うことができる。工場などではエネルギー消費量を生産量で割ったエネルギー原単位を用いることができる。これは，ISO 50006で規定されているエネルギー性能指標（Energy Performance Index）の一種でもある（ISO, 2014）。オフィスや居住環境では，その温熱環境の快適度の指標としてPMV（Predicted Mean Vote）がよく使用される（Fanger, 1970）。これは，室温，平均放射温度，相対湿度，平均風速と，着衣量，作業量とに応じて，±3の範囲の段階で暑さ寒さの指標を与える。空調機器の使用の変化が快適度に及ぼす影響を評価する際に用いることができる。

需要家の応答を調べるために現実の需要家を対象としていくつかの実証試験が行われている。その1つ（河村他，2017）では，一般家庭を対象とし，需要家が電力消費量を減少させた場合にインセンティブとして金銭を支払うタイプのDRPの実証試験を2年間にわたって行っている。ここでは，必ずしも多くの需要家が2年間継続して節電を行うわけではないこと，継続して節電を行う需要家は，住宅の延べ面積が大きい，宅内で最もよく使用するエアコンの普段の使用頻度が高いなどの傾向があること，などの知見を得ている。また，DRPの対象日でも，節電は長時間持続しないことが観察されている。この観察を受け，Murakamiらは，節電するために電気製品の使用を止めた場合，その電気製品を後の時間帯に使用するケースと，後の時間帯でも使用しないケースとがあることに着目して，需要家の応答モデルを構築している（Murakami et al., 2017）。前者のケースに該当する電気製品の例として洗濯機が，後者の例には照明器具がある。

DRPの設計は，所望の需要変化を引き起こすような刺激（DRS）を求めることに帰着される。需要家はDRSを受け取って需要変化を行うので，DRPの設計はその逆の操作を行うことになる。このことに着目して，逆最適化を利用してDRSの1つであるインセンティブを適切に設計する方法が提案されている（Murakami et al., 2017）。

電気エネルギーマネジメントにおける不確実性の取扱い

　電気エネルギーマネジメントは，電気を利用，供給あるいは貯蔵する装置類の使用を，状況に応じて適切に行うものである。ここでの状況とは，例えば，室温に応じたエアコンの必要出力，部屋の明るさに応じた照明の強さ，生産量に応じた生産設備の稼働状況など，装置類が果たす機能への要求の程度に応じた装置類の使用の程度を指す。これらの状況とそのときどきの電気料金や電力供給能力などに応じて「適切な使用」の具体的な内容が決定され，それが実施される。しかし，適切な使用の内容決定とその実施の間には時間差があり，その間に状況は変化する。したがって，多くの場合，適切な使用の具体的な内容決定は，その実施時点での状況を予測して行う必要がある。この予測は正確に行えるとはかぎらず，誤差が生ずる。当然，誤差は前もって知ることはできないため，不確実性が含まれることになる。この誤差ないし不確実性には主として2種類がある。1つは，需要の予測の誤差，もう1つは供給の予測の誤差である。需要は需要家の行動や判断に依存して決まるため，自分自身の行動予定を詳細に把握している需要家自身が行うのでないかぎり，誤差の無い予測は困難である。供給は，従来は出力が制御できる回転型発電機のみで行われていたため，予測の必要がなかったが，近年導入が進んでいる風力発電や太陽光発電では，発電出力が風速や日射に依存するためこれらの予測が必要であり，かつ，風速や日射の予測誤差は不可避である。

　正確な予測ができないことに起因する不確実性への対処は，不確実性の低減すなわち予測精度の向上と，不確実性の把握とその適切な対応とに分かれる。

　精度の高い予測については，需要予測，発電予測のいずれについても，極めてさまざまな研究がなされている。近年の1つの特徴は，多様多量のデータの収集と解析が行えるようになったことを踏まえ，従来は利用できなかった情報を用いた予測の方法が考案されるようになったことである。例えば，大学の建物の消費電力を予測する際に，キャンパス内に多数設置されたレンジファインダを用いて人の流れを測定し，それを気象データと組み合わせることにより，建物ごとの消費電力量をより高精度に予測を行う方法が提案されている（Hori et al., 2016）。このように従来に比べて狭い地域のデータ，すなわち細粒度の

データが入手・利用可能となることによって，予測の精度が向上されるだけでなく，建物ごとの予測など対象が細粒度の予測も可能になってきている。

しかしながら予測には誤差はつきものであり，誤差自身を予測することはできない。もしそれが可能ならば元の予測値をより正確な値に手直しできたはずである。しかし，予測誤差の範囲や誤差が大きいか小さいかは，ある程度推測できる。太陽光発電の出力予測は日射量予測に帰着される。日射量予測は，天候が安定している時期には精度よく行うことができる一方，日本の梅雨の時期のように天候が不安定な時期には精度が低下する。これらを定量的に把握することができれば，予測を「当てる」ことはできないにしても，「はずれ」の程度をあらかじめ把握し，その対策準備を行っておくことができる。Zhangらは，天気，気温，湿度，大気圧，風向，風速，降水確率などさまざまな気象条件および太陽高度や日付などの暦日や時刻に関連した条件のうち，どれがどのような値の時に大きな日射予測誤差をもたらすかを，独自開発した統計的な方法を用いて解析している（Zhang et al., 2014）。この結果，暦日が最も有意であり，その他の誤差要因を合わせ用いることにより，予測誤差が大きいか否かを94％以上の信頼水準で推定できることを示している。

誤差の範囲だけでなく確率分布も推定できると，それをEMSに活用することができる。EMSの中心は最適化である。不確実性を持つ要素の確率分布が得られている場合に有効な最適化手法に確率計画法がある（椎名，2015）。これは，予測がはずれた際にその対処のために必要となる補正にかかるコストを考慮し，もともとのコストとこの補正にかかるコストを合わせて最小化するアプローチと，予測がはずれて制約条件を満たさなくなることが稀にしか起こらない（そのようなことの発生確率が一定値以下である）ことが保証された範囲で最適化を行うアプローチとに大別される。電力を供給する配電系統で事故が発生した際に，事故発生個所を切り離したのち，配電線の接続を変更して停電区間を最小化する。その際に，住宅などに設置された太陽光発電の出力を把握しないと，配電線に流すことができる電流容量を超える接続変更を行ってしまう可能性がある。しかし，太陽光発電出力の推定には誤差が含まれる。この問題についてSugawaraらは，確率計画法の第一のアプローチを適用することにより，配電線の電流容量を超えることなく，停電区間をより縮小することがで

きることを示している（Sugawara et al., 2017）。

3 エネルギーマネジメントシステムの今後

　エネルギーマネジメントシステムを取り巻く状況は，絶えず変化し続けている。電力系統レベルでは，再生可能エネルギー発電電力の短時間の大きな変化（ランプ変動）への対処やこれに応じた調整力の確保が大きな課題になっている。新しいハードウェアの出現に対応する必要もあるし，逆にEMSの観点から必要なハードウェアの仕様を提案することもあり得る。新しいICT技術の活用もますます必要となる。生産性や快適性と省エネルギーの適切なバランス，複数ステークホルダーの利害の適切なバランス，ICTがもたらす効果とICT自身のエネルギー消費のバランス，広範囲を対象とした通信や計算の負荷は高いが最適性が期待できるEMSと狭い範囲を対象として負荷は低いが最適性が劣るEMSとの適切なバランスなど，さまざまな種類の適切なバランスをとりながら，賢くエネルギーを利用するEMSが求められる。

■参考文献

British Petroleum (BP) (2016), *BP Statistical Review of World Energy June 2016*.
　　https://www.bp.com/content/dam/bp/en/corporate/pdf/energy-economics/statistical-review-2017/bp-statistical-review-of-world-energy-2017-full-report.pdf
Fanger, P.O. (1970), *Analysis and Applications in Environmental Engineering*, New York: McGraw-Hill Book Company.
The Federal Energy Regulatory Commission (FERC) (2010), *National Action Plan on Demand Response*.
　　https://www.energy.gov/sites/prod/files/oeprod/DocumentsandMedia/FERC_NAPDR_-_final.pdf
Hori, M., Goto, T., Takano, S., Taniguchi, R. (2016), Power Demand Forecasting Using Meteorological Data and Human Congestion Information, *Proceedings on 2016 IEEE 4th International Conference on Cyber-Physical Systems, Networks, and Applications*.
International Energy Agency (IEA) (2016), *World Energy Outlook 2016 Electricity access database*.
　　http://www.worldenergyoutlook.org/resources/energydevelopment/energyaccessdatabase/
International Organization for Standardization (ISO) (2011), *ISO 50001 Energy management systems*.
　　https://www.iso.org/iso-50001-energy-management.html
International Organization for Standardization (ISO) (2014), *ISO 50006 Energy management sys-*

tems-Measuring energy performance using energy baselines (EnB) and energy performance indicators (EnPI)-General principles and guidance.
https://www.iso.org/standard/51869.html

Murakami, M., Funaki, R., Murata, J. (2017), Design of Incentive-Based Demand Response Programs Using Inverse Optimization, *Proceedings of 2017 IEEE International Conference on Systems, Man, and Cybernetics*: 2754-2759.

Sugawara, A. Takano, H, Murata, J., Taoka, H (2017), A Study on Service Restoration Problems Based on Two-Stage Stochastic Programming, *Proc. of the International Conference on Electrical Engineering 2017*: 484-489.

Zhang, P., Takano, H., Murata, J. (2014), Error Estimation of Solar Insolation Forecasts, *Trans. of IEE Japan, B*, 134(4): 367-373.

河村清紀，土器勉，大野祐司，高野浩貴，村田純一（2017）「家庭向けデマンドレスポンスに関する実証結果の分析と電力ピーク抑制持続手法の提案」『電気学会論文誌C』137(1): 96-105。

椎名孝之（2015）『シリーズ応用最適化5　確率計画法』朝倉書店。

資源エネルギー庁（2015）「電力システム改革について」
http://www.enecho.meti.go.jp/category/electricity_and_gas/electric/electricity_liberalization/pdf/system_reform.pdf

資源エネルギー庁（2016a）「エネルギー白書2016」
http://www.enecho.meti.go.jp/about/whitepaper/2016pdf/

資源エネルギー庁（2016b）「電力小売全面自由化」
http://www.enecho.meti.go.jp/category/electricity_and_gas/electric/electricity_liberalization/

鈴木達也，稲垣伸吉，川島明彦，伊藤章（2016）「車載蓄電池の利活用が拓く次世代エネルギー管理」『計測と制御』55(7): 579-584。

村上堯（2016）「日本卸電力取引所について」
http://www.meti.go.jp/committee/sougouenergy/denryoku_gas/kihonseisaku/pdf/006_05_02.pdf

渡邉久夫，亀田常治，山田正彦（2013）「再生可能エネルギーを活用する水素電力貯蔵システム」『東芝レビュー』68(7): 35-38。

第11章
これまでの地熱発電開発と将来展開に向けた課題

1 地熱発電のしくみ

 地球の熱エネルギー

　地球の内部は地球が誕生した際に蓄積された熱によって高温状態にあり，中心部（深さ6,370 km）の温度は約6,000℃，地球の体積の99％が1,000℃以上と言われている。この地球に蓄えられた莫大な熱のうち，地下数kmから10km程度にある熱の一部を取り出して利用するのが地熱エネルギーの利用である。地球の表層では，火山のない地域でも地下の温度は100 m深くなるごとに3℃程度上昇し，例えば地下3 kmでは100℃近くになる。さらに火山地域では，地下に1,000℃前後の溶けた岩石「マグマ」が存在する。このマグマから熱が運ばれることによって，火山地域では2～3 kmの深さで地下の温度が200～300℃に到達しており，普通地域と比較してより浅部で高温の熱エネルギーが存在している。
　日本では，このような熱エネルギーの一部が，古くから身近なところでは温泉として利用されてきた。そして火山地域の高温の熱エネルギーも，地熱発電としてすでに50年以上活用されている。

 地熱貯留層

　現在の地熱発電技術は，主に比較的地下浅部にある火山地域の熱エネルギーを利用するものである。火山地域の地下で熱水や蒸気を蓄えている「地熱貯留層」に坑井の掘削を行い，蒸気を取り出して，タービンに送り，電気を起こす。

この地熱貯留層は，火山地域であればどこにでも存在するわけではない。発電に経済的に活用できる可能性のある地熱貯留層を見つけることは地熱開発へ向けた重要な課題である[1]。

火山地域の地下で地熱貯留層が形成されるためには，(1)熱水や蒸気が蓄えられる構造（貯留構造），(2)貯留構造への水供給，(3)水を加熱する熱源，の3つの要素が必要である。これらの条件がそろった地域で，地熱貯留層は次のように形成される。まず，地表から雨水が地殻中の割れ目を通って地下数kmに浸み込み，高温の岩石によって温められて熱水となる。そして熱水は，温度上昇によって体積が膨張したことで，軽くなって上昇を始める。熱水は上昇とともに温度が低下し，熱水中に溶けていた岩石中の微小な粉末が析出・沈積し，地層中の割れ目を充填し，不透水性の地層（キャップロック）が形成される。このキャップロックによって，熱水が地下にとどまり，さらに上部からの冷たい雨水や地下水の流入が防がれることによって，高温の地熱貯留層が形成される。

このような熱と水の流れのシステムは「熱水系」と呼ばれる。熱水系を解明し，熱源や水の流れ，そして地熱貯留層の位置を明らかにすることが，地熱発電の開発において重要となる（江原，2012）。そこで，熱水系の探査やボーリング（掘削）調査，各種データを基にしたコンピュータシミュレーションによる貯留層評価が実施される。

 ## 地熱発電所の基本構成

地熱発電は，地熱貯留層から蒸気を取り出して発電を行う発電システムである。**図表11-1**に地熱発電所の基本構成を示す。まず，地熱貯留層に生産井と呼ばれる井戸を掘って蒸気や熱水（地熱流体と呼ばれる）を取り出す。次に，井戸から生産された熱水や蒸気を気水分離器（セパレーター）によって蒸気と熱水に分離する。熱水は還元井を通して地下に戻され，分離した蒸気を用いてタービンを回転させ発電する。ここで，タービンを効率的に稼働させるためには，タービン出口の圧力を下げる必要がある。そこでタービンを回した後の蒸気は，タービン出口の復水器で冷却水によって冷却されて凝縮し，圧力が下げられる。凝縮されてたまった温水は冷却塔内で散水され，さらに冷却されて，復水器での冷却水として再利用される。このとき冷却塔から白い煙（微小な水

第11章 これまでの地熱発電開発と将来展開に向けた課題

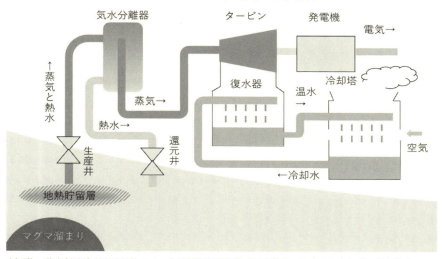

図表11-1　地熱発電所の基本構成

（出所）　独立行政法人石油天然ガス・金属鉱物資源機構「地熱発電のしくみ」を参考に著者作成

滴や水蒸気）が噴出する姿は，地熱発電所の特徴の1つとなっている。

　還元井を通して地下に戻された熱水（還元水）は温められて再び地熱貯留層に戻るものと，そのほかの地層に流出するものがある。この熱水の還元は安定した持続的な地熱発電を行うための重要なプロセスの1つである。

持続可能な地熱発電

　地熱貯留層から蒸気や熱水を生産すると，一時的に貯留層内の熱水や蒸気が失われることになるが，同時に貯留層の周囲から熱水や蒸気が補給され，回復することが知られている（江原，2011）。これは，貯留層内の熱水や蒸気が生産されると，その部分の圧力が低下し，地熱貯留層と周囲の地層との間の圧力差によって，熱水や蒸気が流れ込むためである。このような生産によって周囲から補給される熱水や蒸気の量は，地熱地域や貯留層によって異なる。地熱発電を長期的に安定的に行うためには，地熱貯留層の規模やこの補給量に見合った持続可能な発電規模を決定することが重要である。この具体的な方法の1つとして，重力変動観測法による貯留層管理方法が研究されている。重力変動観

183

測法では，観測点の重力加速度の変化を観測することで，蒸気や熱水の生産に伴う貯留層内の質量変化を推定することができる。大分県の八丁原地熱発電所における観測では，地熱貯留層の質量収支が解析され，今後も長期にわたって安定した発電が可能であることが推定されている（江原・西島，2004）。

2 発電の開発手法

地熱発電の探査

　地熱発電の探査は，まず「地表調査」といって，地表において温泉や噴気がみられる場所がないか，温泉や噴気によって地層が変化した熱水変質帯がないかなど，地熱活動の存在を示す地熱兆候を調べることから始める。そして地熱兆候が確認された地域では，続いて地質学，地球化学，地球物理学の各側面からさらなる地熱探査が実施される[2]。そしてこれらの地熱探査結果をもとに，地下の熱水系の様子を説明する概念モデルを構築する。

　「地質学的探査」では，地表踏査によって地質図をつくり，断層の分布や，火山岩の年代（過去の火山活動の時期）を測定する。断層は地下での熱水や水の通り道となる。そして一般的には，地熱発電を可能とする地熱貯留層が存在するためには，火山活動の年代として100万年より新しいことが必要であるといわれている（玉生，1994）。また桜島火山のように噴火活動が活発であっても，きわめて若い活火山である場合，十分な熱水系が発達せず，現状の地熱発電への活用はできない可能性がある（江原，2009）。

　「地球化学的探査」では，温泉や噴気，そしてボーリングから得られた熱水や蒸気の成分を分析する。異なる場所から採取された熱水や蒸気は，その成分の組み合わせによって，同じ地下深部起源の水なのか，そこから分化したものなのかなどを知ることができる。さらに地下学温度計という手法によって，地表の熱水の化学成分から貯留層温度を推定することができる。

　「地球物理学的探査」では，地下に電気を流したり，人工的に地震波を発生させたりした際の観測データを分析することで，地下の構造を明らかにする。例えば，電気探査では，地下に電気を流し，地表の複数の地点でその電圧（電

位)を測定する。この電圧はより遠くの観測点であれば,より深部を通った電流の影響を含んでおり,複数の観測結果のデータを分析することで,地下の各深度における電気の流れやすさを知ることができる。地熱貯留層は周辺の地層と比較して熱水やその化学成分を多く含むため,電気が流れやすくなっている。そのため電気探査の結果は,地熱貯留層の位置や広がりを知る上での重要なデータとなる。

「ボーリング調査」では,ボーリング坑を掘り円筒状のコアと呼ばれる試料を採取することで,地下の各深度における岩石や割れ目の有無などを調査する。またコアに含まれる岩石を分析することで,化学成分や水の流れやすさ(空隙率),熱の流れやすさ(熱伝導率)を知ることができる。さらに,ボーリングによって開けられた穴(坑井)の中の温度や圧力,湧き出す熱水の量などを調査する。ボーリング調査によって,上述した探査データから推定された地下構造を確認することができる。

 ## シミュレーション

地熱探査のデータが集まると,次はこれらのデータの統合解析とシミュレーションによって,熱水系を解明し,地熱貯留層から持続的に発電に利用できる量を評価するための分析を行う。

まず,地熱探査データの解析結果を組み合わせて,熱水系を構成する熱源の位置や地下水や熱水の流れ,貯留構造の様子を概念図や言葉で説明した「概念モデル」を作成する。そして,概念モデルを定量的に表現した「数値モデル」を作成する。この数値モデルは,対象地域を一辺が数百mから数十mのブロックの3次元の集合体として表現し,1つひとつのブロックに対して,これまでの探査データをもとに,岩石の密度や,水の通りやすさ,熱伝導率などの物理的性質を設定したものである。この設定によって,対象地域の水の通り道,貯留構造や,不透水性のキャップロックなどを表現する。そして対象地域への外部からの熱や水の流入量を設定する。

シミュレーションでは,数値モデルを入力データや計算条件として,コンピュータ上で対象地域の各ブロックに熱や水がどのように流れるか,そしてどのような温度・圧力分布が形成されるかを計算し,まず,対象とする熱水系の

「自然状態（地熱発電が行われる前の状態）」を再現する。数値モデルの各ブロックに設定された数値や熱や水の流入量は，探査やボーリングデータによって設定するものの，推定に頼らなければならない部分も大きい。これらの推定が合理的なものとなっているかを，シミュレーションによって確認し，さらにモデルの修正を行うことで，より合理的に自然状態を再現した「自然状態モデル」を構築する。そして次に「ヒストリーマッチング」と呼ばれる手法によって，自然状態モデルから蒸気や熱水の生産と還元を行った場合の変化が，シミュレーションで再現されるようモデルの修正を行う。具体的には，自然状態モデルによる蒸気や熱水の生産・還元のシミュレーション結果と，実際に対象地域でボーリングを行って蒸気や熱水の生産と還元を行った際の温度・圧力変化の観測データとが適合するようにモデルを修正する。この作業によって，モデルの精度を高めることができる。精度が向上されたモデルは「貯留層モデル」と呼ばれ，地熱発電所の規模などを決定するためのシミュレーションに利用される。

3　地熱発電の発展と停滞の歴史

純国産電源としての期待

　地熱発電には百年を超える歴史がある。地熱開発年表（一般社団法人火力原子力発電技術協会，2017）によると，1913年にはイタリアのラルデレッロで世界初の商用的地熱発電所（250 kW）が運転を開始している。日本では1918年に海軍中将山内万寿氏が将来の石油・石炭の滅尽の時に備えて代用的熱源は地熱利用として，研究調査を実施し，蒸気噴出に成功したとされる。そして第二次世界大戦後，1947年に地質調査所が地熱開発地域の選定に関する調査研究を開始し，地熱発電技術の実験を経て，民間の東化工（現，日本重化学工業㈱）と共に松川地域で調査を進めた結果，1966年に日本で最初の地熱発電所の松川地熱発電所（出力9,500 kW）が運転開始している。

　その後，東北，九州地域を中心に更なる調査が行われ，1967年に九州で大岳発電所が運転を開始すると，さらに1970年代の大沼地熱発電所，鬼首地熱発電

第11章 これまでの地熱発電開発と将来展開に向けた課題

所，八丁原地熱発電所，葛根田地熱発電所などの運転開始につながった。

 オイルショックとサンシャイン計画

1970年代には，オイルショックを契機に石油代替エネルギーの開発に向けたサンシャイン計画がスタートし，1980年にNEDO（新エネルギー・産業技術総合開発機構）が設立され，地熱開発が推進された。サンシャイン計画では，2000年に600 MW，2010年に2,800 MWという地熱発電の導入目標が掲げられ，NEDOの設立に合わせて地熱開発助成にかかる国家予算も1979年の40億円から翌1980年に150億円以上に上昇した（**図表11-2**）。この地熱開発予算の高い水準は，その後1990年代半ばまで続いた。NEDOの設立以降，日本では，十分な地熱開発予算を背景に全国各地で体系的な調査が実施された。これらの調査は，航空機や人工衛星を用いた広域的に地熱資源の有望地域を調査するものから，地域を特定し地表調査や物理探査によって地下の地熱資源を評価するもの，さらに調査のための井戸（調査井）による噴気試験を行い地熱発電所の事業計画策定を支援するものまで，段階的で体系的な調査プログラムを提供して

図表11-2　地熱発電の設備容量と地熱開発関連予算の推移

いた。これらの調査結果は，民間事業者が地熱発電事業を行う際の基礎資料として活用され，1990年代の地熱発電所の増加に貢献した。1995年には総設備出力は54万 kW に達し，世界有数の地熱発電技術を有する国となった。

しかし1996年以降，地熱開発予算は減少し1999年に八丈島地熱発電所が運転を開始して以降，長らく新たな発電所が建設されない地熱発電の足踏みの時代を迎えることとなる。

 ## 電力自由化と新規開発の停滞

この地熱発電の停滞の背景の1つには電力自由化があった。1995年4月に，日本では31年ぶりとなる電気事業法の大幅な改正が行われた。この改正によって，電力会社に電気を卸売りするための参入障壁が原則撤廃され，電気事業者以外の事業者が電力会社に電気を売ることが認められるようになった。電力会社の電源調達に入札制度が導入され，発電分野の競争が始まった。さらに，電力供給コストを抑えるために料金規制などの見直しが行われ，電力会社のコストダウン・経営効率化がすすめられた。このような電力自由化の中で電力会社はより安価な電源を求めるようになった。

そして1997年に制定された「新エネルギー利用等の促進に関する特別措置法（新エネルギー法）」では，地熱発電は新エネルギーの対象外とされ，「電気事業者による新エネルギー等の利用に関する特別措置法（RPS法）」の対象にもならなかった。その結果，電力会社の地熱開発への関心が低下してしまった。そして1980年代から90年代にかけて年間150億円〜180億円に達していた地熱開発に関する国家予算は，1998年に100億円，2003年に50億円を下回り，2011年には7億円と急激に削減された。

 ## 国立・国定公園内の開発規制強化

日本では，自然公園法によって国立公園，国定公園および都道府県立自然公園からなる自然公園を指定し，自然環境の保護と，快適な利用を推進している。自然公園は，特別地域とその緩衝地帯としての普通地域に大別され，特別地域は規制が強い核心地域から順に，特別保護地区，第1種特別地域，第2種特別地域，第3種特別地域に区分されている。村岡ら（2008）の調査によると，日

本の地熱資源の中で，地熱発電の可能な150℃以上の熱水資源量2,347万kWのうち81.9％がこの国立公園，国定公園，都道府県立自然公園の特別保護地区，特別地域内にあるといわれている。しかし，さかのぼること1972年の旧通産省と旧環境庁との覚書により，国立公園内では新たに地熱発電所は建設しないこととなり，その後，国立公園特別地域内では調査さえも困難な状況となっていた（江原，2012）。有望な地熱資源の開発可能性が制限されていたことで，地熱発電の新規の計画は，より低温や小規模の地熱資源を活用した計画が中心となり，より発電コストが高くなる傾向となってしまった。その結果，地熱発電の新規計画はハイリスク・ローリターンな事業となり，さらに電力会社や事業者の関心を低下させる要因の1つとなった。

4　2011年以降のエネルギーの転換

固定価格買取制度

　上述のように地熱発電は，電力自由化や新エネルギー法，そして自然公園法・自然環境保全法の改正など政策的なものが要因の1つとなって停滞期を迎えていた。しかし，2011年に発生した東日本大震災と東京電力福島第一原子力発電所事故によって，日本のこれまでのエネルギー政策は大きく見直されることとなった。また，2012年に施行された固定価格買取制度によって，地熱発電は再び大きな注目を集め始めた。

　再生可能エネルギーの固定価格買取制度は，再生可能エネルギー源（太陽光，風力，水力，地熱，バイオマス）を用いて発電された電気を，国が定める固定価格で一定の期間電気事業者に調達を義務づけるものである。地熱発電については，**図表11-3**に示すように，15,000 kW未満のものは税抜40円／kWhで，15,000 kW以上のものは税抜26円／kWhで15年間の買取りが義務づけられる。この固定価格買取制度の導入によって，ハイリスク・ローリターンであった地熱発電の投資環境は大きく改善され，新規事業者の参入が増加し，全国各地で新規の地熱開発に向けた調査が開始された。

図表11-3　固定価格買取制度における地熱発電による電力の買取単価

（平成29年度から平成31年度の買取価格，買取期間はいずれも15年間）

	新設	リプレース （全設備更新型）	リプレース （地下設備流用型）
15,000 kW 以上	26円＋税	20円＋税	12円＋税
15,000 kW 未満	40円＋税	30円＋税	19円＋税

バイナリー発電の新規開発

　固定価格買取制度の施行以降，すでに20ヵ所の新規の地熱発電所が運転を開始している（2016年3月末時点）。これらはバイナリー発電と呼ばれ，従来の地熱発電（フラッシュ式と呼ばれる）より小規模であるが，より低い温度の地熱資源でも発電が可能な発電方式である。バイナリー発電では，地下から得られた熱水や蒸気と，水より沸点の低い二次媒体（アンモニアや不活性ガス，炭化水素ガスなど）とで熱交換し，二次媒体を沸騰させて得られた蒸気によって電気を起こす方式である。未利用の温泉源泉や，低温のためフラッシュ式発電に用いることができなかった地熱資源を用いることで，より短期間で運転開始につなげられている。例えば，土湯温泉16号源泉バイナリー発電所では，土湯温泉で利用されている井戸のうち最も湯量の多い16号源泉を生産井として利用している。従来，この源泉は130℃と高温であったため浴用として利用するために，近隣の山から湧水を取水し温度管理を実施していたという（火力原子力発電技術協会，2017）。現在は，源泉の温泉水は，まずバイナリー発電に利用されることで温度を下げ，さらに湧水と混合して温泉として活用されている。これまで冷ましていた高温のエネルギーを発電に利用しており，エネルギーの有効活用を進めるものである。このような温泉バイナリー発電は，温泉事業者も参加する形で事業が進められているものもあり，温泉と地熱発電事業の相互理解を深め，共生に貢献するものとして期待されている。

国立・国定公園内の地熱資源の活用

　これまで，1972年の旧通産省と旧環境庁との覚書により，国立公園内では新たに地熱発電所は建設しないこととなり，その後，国立公園特別地域内では調査さえも困難な状況となっていた。しかし，一方で，1972年の時点で6ヵ所の地熱発電所あるいは発電に向けた調査地域が国立公園特別地域内にあったが，その後，これらの地域で地熱発電所が長いもので40年以上にわたって問題なく運転が続けられている（江原，2012）。このような事例をもとに，2012年以降，環境影響や合意形成に配慮された優良事例に限って，国立・国定公園内における地熱資源の活用が段階的に認められるようになった。2015年10月に環境省から発出された「国立・国定公園内における地熱開発の取扱いについて」では，第1種特別地域においては，優良事例に該当し，かつ，地表に影響を与えないと考えられる計画が策定されていること等を条件に，同地域外から地下部への傾斜掘削が個別に判断して認められること，また，第2・3種特別地域においては，優良事例に該当すれば，個別に判断して認められること等が規定された。

　この新たな方針によって，国立・国定公園内の地熱資源の活用に向けた扉が開かれたことになった。しかし，これは優良事例の形成や傾斜掘削の活用が前提であり，これらの課題の克服が新たなチャレンジとなっている。

 地熱エネルギーの導入目標

　2015年7月に策定された長期エネルギー需給見通しでは，地熱発電は原子力発電の依存度を低減するための代替電源の1つとして位置づけられている（経済産業省，2015）。そして，2030年度に地熱発電によって総発電電力量の約1％を目指すこととしている。設備容量では，現状の約52万kW（2016年3月末）から150万kWを目指すことになる。このような地熱発電への期待の高まりを受けて，2011年度に7億円にまで減少した地熱開発関連予算は，再び上昇し2013年度以降200億円を上回る水準となっている。予算の拡大を受けて，新規地点の調査や発電所開発に向けた井戸掘削の補助，技術開発等が実施されている。

　現時点の地熱開発では，より短期間での開発が可能なバイナリー発電の新設

が先行しているが，秋田県湯沢市では，大規模なフラッシュ式の山葵沢地熱発電所（出力42,000 kW）が2019年5月の運転開始を目指して建設工事が進められている。2030年の導入目標の達成には，新規地熱地域における大規模フラッシュ発電の開発を着実に進めていくことが不可欠である。

5 地熱発電導入拡大に向けた取り組み

 今後の課題

　2012年以降，固定価格買取制度によって地熱発電への投資環境が改善され，さらに国立国定公園内の地熱資源の活用に道が拓かれたことによって，これまで地熱発電事業の導入拡大を阻んでいた障壁がいくつか取り除かれた。また，地熱発電の導入拡大目標が設定され，調査や開発予算が上昇し，地熱発電の事業環境は大きく改善したといえる。しかし，2011年のエネルギー政策の転換によって，地熱発電の導入課題がすべて解決されたわけではない。2011年以前に地熱発電が停滞した背景には，電力自由化や新エネルギー法，そして自然公園法・自然環境保全法の改正など政策的なものが要因の1つとなっていた。さらに，電力自由化の中で，政策的に原子力発電や石炭火力発電が推し進められたことも1つの要因であっただろう。しかし厳しい見方をすれば，1980年代から90年代にかけての十分な地熱開発予算の投資の結果として，地熱発電をコスト競争力のある電源に押し上げるための道筋を示すことができなかったために，自由化された市場の中で更なる投資の呼び込みや，規制の見直しの理解を得ることができなかったとも解釈できる。地熱発電が将来の主要なエネルギー源としての役割を担うためには，現状の政策的な支援を得た中で，発電技術や探査技術などあらゆる側面から，コスト低下や導入拡大の道筋を示すことが重要な課題の1つであろう。

 コスト低減に向けた取り組み

　固定価格買取制度は地熱発電を含む再生可能エネルギーへの投資を促す効果があるが，この制度は，投資を促すことで再生可能エネルギーのコスト低減を

実現し，将来世代が経済的に活用できる社会を実現するという考え方が前提となっている。固定価格買取制度の支援を受けて，地熱発電のコスト低減に向けた道筋を示し，実現へ向けて取り組む必要がある。

　地熱開発事業は，地下構造の調査・探査に要するコストおよび期間のうち，坑井掘削にかかるコストが大半を占めており，坑井掘削のコスト低減と掘削作業の効率化が重要な課題である。そこで独立行政法人石油天然ガス・金属鉱物資源機構（JOGMEC）では，開発リスク・コストの低減に向けて，例えば，PDC（Polycrystalline Diamond Compact）ビットの開発を行っている（地熱発電の推進に関する研究会，2017）。PDCカッターは，ダイヤモンド粉をコバルトとタングステンの合金に組み込み，超高圧・高温焼結させて取り出し，それを研磨加工することで作成される。PDCカッターは掘削速度が速く，ビットライフも長いといったメリットがあり，すでに石油井の掘削に実用化されている。しかし地熱井の地層にはマッチングする場合とマッチングしない場合があり，地熱に特化したPDCビットの開発が求められている。また，JOGMECでは，小型ハイパワーリグの開発を進めている。大型リグと同等の掘削能力を備えたリグで，容易に運搬可能な小型リグがあれば，本来，大型の掘削リグ搬入・搬出のために必要とされた林道拡幅工事や橋の補強工事などが不要となり，費用削減と調査期間の短縮が可能となると期待されている。

❸ 新規開発地点の調査

　日本では，これまでの長い地熱発電の歴史の中で，全国的な調査が段階的に行われ，有望な地熱資源に関する情報や知見が蓄積され，新規の地熱開発調査の重要な基礎資料としての役割をはたしてきた。しかし国立・国定公園の特別地域においては，日本の地熱資源の大部分が存在していると考えられるものの，これまで開発が禁止され，調査さえ行われていなかったため，調査の空白地域が存在する。そこでJOGMECは，平成25年度より広域の地質構造を把握し，新たな地熱有望地域の抽出などに活用するため，ヘリコプターを利用した空中物理探査を実施している。この探査法の1つである空中重力偏差法探査では，ヘリコプター内に計測機器を搭載し，飛行高度約150 mから地下の岩石密度を測定する。この岩石密度の分布データによって，地下の地質構造（断裂系や断

層帯）を広域的に把握することが可能になると期待されている。断裂系や断層帯の分布情報は，地熱貯留層や，貯留層に蒸気や熱水を供給している構造を明らかにすることに活用される。この空中物理探査の結果を受けて，北海道のニセコ地域などでは，地熱事業の開発に向けた調査が開始されている。

優良事例の形成

　すでに述べたように，2015年に環境省から発出された環境省自然環境局長通知によって，優良事例に限って，国立・国定公園内における地熱資源の活用が一部認められるようになった。環境省はさらに，この通知の解説として，優良事例の形成にあたっては，(1)より柔軟な環境配慮が可能である地熱開発の早期段階から検討を行うこと，(2)予防原則の考え方を念頭に，科学的に因果関係が証明されていない影響に関しても事業者が過去の影響事例を広く精査し，それに基づいて事前の調査，環境配慮，モニタリングを計画，実施することで，継続的に将来にわたる影響の有無や程度を予測し，開発計画に反映していくこと，等を基本的な考え方としている。そして各建設段階において，求められる対策の例として，配置の工夫による環境影響の回避低減，タービン建屋の高さ低減，外観デザインの工夫，風致景観との調和に配慮した植栽の工夫，配管の埋設などの対策が挙げられている（環境省，2016）。

　このような優良事例の形成は，新たな技術を用いて環境影響の低減を目指すという技術的課題であるとともに，社会的合意形成の課題でもある。現状では，優良事例として認められるための条件が具体的に示されているわけではなく，対象の地熱発電事業が優良事例としてのふさわしいものになっているかどうかは，自然公園法上の許認可手続きのプロセスの各段階で判断される。地熱発電事業者は，新しい技術を取り入れながら，各地の地熱発電事業の特徴に応じて必要な環境配慮の取り組みを提案し，地域や行政から優良事例としての承認を得るという，難しい合意形成に取り組むことが求められる。地域で優良事例を形成するための合意形成の在り方については，さらなる調査や研究が必要である。

6 次世代型地熱発電の研究開発

高温岩体発電

　現在の地熱発電技術は，地熱貯留層から高温・高圧の蒸水や蒸気を採取し発電するものである。しかしエネルギー源となる地熱貯留層は，火山地域でどこにでも存在するわけではない。地下に高温の熱エネルギーが存在していても，蒸気や熱水を蓄える貯留構造や水供給が不十分なために地熱貯留層が十分に発達していないケースも多い。このような場合に，地下の高温の岩石の熱エネルギーを利用する発電方法として，高温岩体（HDR：Hot Dry Rock）発電の研究が行われている。

　高温岩体の発電方法は，高温（Hot）だが水のない（Dry）岩石（Rock）の熱エネルギーを利用して発電を行うために，岩盤に高圧の水を注入し，人工的に割れ目をつくり，水を循環させ，かつ熱を回収するシステムを造るというものである。高温岩体発電の技術が確立されれば，地熱発電の資源量は大幅に拡大すると期待される。

　松永（2011）によると，高温岩体地熱発電の開発には，従来の地熱発電で用いられていた探査やボーリングの掘削，蒸気や熱水の生産，還元技術に加えて，岩盤内から熱を取り出すための流路を造る破砕（フラクチャリング）技術の確立が重要となる。この流路を造る破砕技術には，高圧の水を注入して岩盤に割れ目を造る水圧破砕と呼ばれる技術が用いられている。水圧破砕技術は，石油を掘削・生産する際に，石油やガス貯留層からの流入を増進する手法として用いられている技術である。しかし，地熱貯留層において，高温でより硬い岩盤を対象として水圧破砕を実施するには，使用する機器の耐熱性など課題も多い。また，形成された流路（割れ目）を使って，地上から水を循環させることで熱水や蒸気を生産するが，この循環の制御技術の開発も重要な課題の1つである。注入した水をすべて熱水や蒸気として回収するのは難しく，また大量の水も必要となる。松永によると，20 MW規模の発電所を想定すると，1時間当たり約200 tの蒸気が必要とされる。

近年では，さらにこの高温岩体発電の開発対象をより広げて，①透水性や貯留量が不足している地熱貯留層に対して，人工的に貯留層の拡張や蒸気・熱水などの涵養を行って経済的な発電を可能にするもの，②火山ではない地域の地下深部に人工的な熱水系を形成し，経済的な熱エネルギーの採取を可能にする研究が実施されている。これらは，EGS（Enhanced Geothermal System，強化地熱系）発電とよばれる（野田・江原，2016）。

 マグマ発電

　地熱貯留層の熱源であるマグマは，火山の地下数 km に存在し，その温度は 1,000℃ 前後に達している。「マグマ発電」は，この膨大なエネルギーを有するマグマの熱を直接取り出して発電するものである。マグマ発電の技術は，まだ基礎研究段階で実用化は早くても数十年後といわれているが，これまでの研究から原理的には可能であることが示されている。例えば，江原（2012）によると1990年代にハワイのキラウエア火山の溶岩湖でマグマから熱を抽出する実験が行われている。この実験では，溶岩湖の表面から掘削機の先端を冷やしながら約70 m のボーリングを掘って，冷水を注入し，水蒸気が回収されている。1,000℃ を超えるマグマを掘削し，さらに水を注入することで熱を回収することができることを示す例となった。日本でも大分県九重火山を想定して，マグマからどの程度の熱抽出ができるかシミュレーションが実施されており，長期間にわたって安定的に熱を取り出すことができることが確かめられている（江原，2015）。

　マグマの掘削や熱を抽出するための研究は，まだ基礎研究の段階である。マグマ発電は，膨大なマグマの熱エネルギーの利用を可能とするとともに，火山の熱エネルギーを人工的に取り出すことで，火山の噴火等を避ける防災面での応用の可能性もある。さらなる技術開発が進むことが期待されている。

7　将来の地熱利用

　2015年7月に策定された長期エネルギー需給見通しでは，2030年度に地熱発電によって総発電電力量の約1％を目指すこととしており，これは現状の発電

量の3倍にあたる。地熱発電の開発には長期の時間を要するため，直近の目標値は他の電源と比較して少ない。しかし長期的には，2050年に年間発電量の約10％を地熱発電から供給するというビジョンが地熱関係の団体から示されている（環境エネルギー政策研究所，2008）。これに加えて高温岩体発電や強化地熱系発電，マグマ発電といった次世代の発電技術の進展があれば，2100年に向けて地熱発電がさらに大きな電力供給を担う可能性もある。地熱発電が将来の主要なエネルギー源としての役割を担うためには，固定価格買取制度という政策的支援を得ている中，新規の地熱地域での調査や発電所建設を着実に進めるだけでなく，発電技術や探査技術などあらゆる側面でのコスト低下に向けた研究を進め，将来の地熱発電の導入拡大に向けたロードマップを示すことが必要である。

■注

1 地熱貯留層や熱水系に関する入門書として，江原幸雄『地熱エネルギー――地球からの贈りもの』（オーム社）がおすすめである。
2 地熱開発手法のより具体的な内容は，野田徹郎・江原幸雄共編『地熱エネルギー技術読本』（オーム社）に詳しく紹介されている。

■参考文献

一般社団法人火力原子力発電技術協会（2017）『地熱発電の現状と動向2016年』一般社団法人火力原子力発電技術協会。
江原幸雄・西島潤（2004）「地熱資源の持続可能性に対する観測的立場からの検討 重力変動観測から見た持続可能性」『日本地熱学会誌』26(2)：181-193。
江原幸雄（2009）「経済的・社会的観点から見たわが国の地熱発電の課題と新しい展開の方向」『九大地熱・火山研究報告』18：2-8。
江原幸雄（2011）「地熱発電の概要と展望」『地熱発電の潮流と開発技術』サイエンス＆テクノロジー社，3-26頁。
江原幸雄（2012）『地熱エネルギー――地球からの贈りもの』オーム社。
江原幸雄（2015）「マグマ発電の可能性」『電気計算』電気書院，83(11)：27-34。
環境エネルギー政策研究所（2008）「2050年自然エネルギービジョン」『再生可能エネルギー展望会議参考資料』：1-12。
環境省（2015）「国立・国定公園内における地熱開発の取扱いについて」
http://www.env.go.jp/press/101503.html
環境省（2016）「国立・国定公園内における地熱開発の取扱いについて及び同通知の解説」
http://www.env.go.jp/nature/geothermal_np/mat02.pdf

経済産業省（2015）「長期エネルギー需給見通し」
　　http://www.meti.go.jp/press/2015/07/20150716004/20150716004_2.pdf
玉生志郎（1994）「地熱系モデリングから見たマグマ溜り―豊肥・仙岩・栗駒地熱地域を例にして」『地質学論集』43：141-155。
地熱発電の推進に関する研究会（2017）「新エネルギー等導入促進基礎調査（地熱発電の推進に関する調査）報告書」，みずほ情報総研株式会社。
独立行政法人石油天然ガス・金属鉱物資源機構（2016）「地熱発電のしくみ」
　　http://geothermal.jogmec.go.jp/information/geothermal/mechanism/mechanism2.html
野田徹郎・江原幸雄（2016）『地熱エネルギー技術読本』オーム社。
松永烈（2011）「高温岩体発電」『地熱発電の潮流と開発技術』サイエンス＆テクノロジー社，341-351頁。
村岡洋文・阪口圭一・駒澤正夫・佐々木進（2008）「日本の地熱資源量評価2008」『日本地熱学会平成20年度学術講演要旨集』Ｂ01。

おわりに

　社会は，インフラ・健康・教育・自然といったものの上に成り立っている。国連報告書「Inclusive Wealth Report 2018（IWR：包括的な豊かさに関する報告書（新国富報告書））」を発表し，新たな経済成長の指標結果を発表している。豊かさや経済の持続可能性を評価するため，「包括的な富（Inclusive Wealth：新国富指標）」の研究が進んでおり，これは従来の国民総生産（GDP）などでは測れないインフラ，健康，教育，自然といった国の資産全体を計測し，総合的に評価するものである。経済的な側面だけでなく環境や健康，教育といった面を成長させていくこと（包括的な成長）は国や地域の発展にとって重要であり，また，2030年までの国連目標である持続可能な開発目標（SDGs）達成の重要な要素である。しかし，SDGs以前は「包括的な成長」と言っても，なにをどう計測して進めるか不明であった。

　そこで新国富報告書では，これまで相互比較が困難であった自然環境や健康面などの側面までエネルギー資源などを含む経済価値を各国ごとに経年で占める割合を計測する手法を開発することに成功した。主な結果として，健康，教育，自然（エネルギー資源含む）の各資本が世界全体の富のそれぞれ，26％，33％，20％を占め，インフラ開発の21％と同等またはそれ以上の価値があった。エネルギー，つまり自然資本は社会の構成上，重要な要素となっている。

　自然資本の内訳は，再生可能資源が53％，非再生可能資源が47％である。更に具体的には，石油が22％，石炭が17％，ガスが7％を占めている。エネルギー資源の価値が上がるとは，ストックとしての量の価値が高まることを表している。本書で紹介した各技術やシステムの革新は，新たな資源を発見し，資源の有効利用を促進し，資源全体の総量について質を考慮した面から増やすことになる。元の資源が少ない地域においても適切な利用を促進することで，インフラや人的資本を活用し社会への貢献を高めることができる。世界と日本の全体像を理解することで石油，石炭，ガス，原子力といった既存のエネルギー，そして太陽光，風力といった現在推進されている対象の双方の進捗度合いが分かる。その上で，本書で紹介した導入しうる技術と政策のオプションを見るこ

とで投資を判断していくことが望まれる。

　震災以降，原子力発電のシェアが下がってからは大きな政策の変更は行われていない。現在のエネルギー基本計画においても，太陽光等代替要素がまだシェアが小さい中で低炭素目標のために，再生資源のシェアを高めるとされている。その分をガス等で埋めるのが現実ではあるが，現状と計画目標のギャップを埋めていく政策をこれから推進していく必要がある。

　　　　　　　　　　　　　　　　　　　　　　　　馬奈木　俊介

索　引

あ 行

IoT ……………………………… 172
ICT ……………………………… 172
圧縮空気電池 …………………… 38
EMS ……………………………… 168
EGS（Enhanced Geothermal System,
　強化地熱系）………………… 196
EV ………………………………… 36
EUETS（EU排出権取引制度）……… 47
一次エネルギー ………………… 32
一次電池 ………………………… 73
液化天然ガス（LNG）…………… 10
NEDO（新エネルギー・産業技術総合
　開発機構）…………………… 187
エネルギーインターネット …… 142
エネルギー性能指標 …………… 176
エネルギー貯蔵技術 …………… 53
エネルギーネットワーク ……… 146
エネルギーマネジメントシステム … 168
エネルギーミックス …………… 32
エネルギー密度 ………………… 73
FIT ………………………………… 25
FCV ………………………………… 38
OECD（経済協力開発機構）……… 7

か 行

階層化 …………………………… 173
外部費用 ………………………… 20
価格規制 ………………………… 23
確率計画法 ……………………… 178
カスケード利用 ………………… 150
乾式メタン発酵 ………………… 149
キャリア濃度 …………………… 114
供給曲線 ………………………… 19
均衡 ……………………………… 19
空中重力偏差法探査 …………… 193
クラーク数 ……………………… 77
グリッド ………………………… 64
グリーンエレクトロニクス …… 143
系統運用 ………………………… 65
限界外部費用 …………………… 20
限界削減費用 …………………… 22
原子力発電 ……………………… 70
合意形成 ………………………… 104
高温岩体発電 …………………… 195
合金反応 ………………………… 85
国立・国定公園内における地熱開発の
　取扱いについて ……………… 191
コストパフォーマンス ………… 74
固定価格買取制度（FIT）
　……………………… 13, 25, 58, 189
コンバージョン反応 …………… 80

さ 行

再生可能エネルギー導入量割当制度
　（RPS）………………………… 13, 25
再生可能エネルギー利用割当水準 … 25
材料 ……………………………… 144
サンシャイン計画 ……………… 187
CAES ……………………………… 38
CCS ……………………………… 39
シェール革命 …………………… 6
シェールガス開発 ……………… 35
自国が決定する貢献 …………… 3, 46
市場の失敗 ……………………… 20
次世代電力供給 ………………… 63

湿式メタン発酵	149	電源構成目標	60
重力変動観測法	183	電源別発電量実績	61
需要曲線	19	電動化	39
消化液	156	電力需要	175
小水力エネルギー	90	動学的効率性	29
小水力発電	90, 92	同時同量	168
状態密度	110	独立行政法人石油天然ガス・金属鉱物資源機構（JOGMEC）	193
情報の非対称性	26		
新政策シナリオ	9		

な 行

水系多価カチオン電池	88	ナトリウム硫黄電池	73
水系ナトリウムイオン電池	87	二酸化炭素回収貯留	39
水系マグネシウムイオン電池	87	二次エネルギー	35
水利権	94	二次電池	39, 73
数量規制	24	ニッケル水素電池	73
スポット市場取引価格	58	ネットゼロエミッション	1
3E＋S	50	燃料電池自動車	38
正の外部性	20		
石炭需要	11		

た 行

は 行

太陽光発電	59	バイオ燃料	40
太陽電池	107, 130	バイオマス	148, 151
多目的最適化	174	排出量取引	24
炭素回収貯留	12	バイナリー発電	190
地域の合意	101	ハイブリッドキャパシタ	87
蓄電立国	75	バックキャスティング	5
窒素循環	165	発電効率	35
地熱貯留層	181	パリ協定	1, 56
長期エネルギー需給見通し	191	パワーエレクトロニクス	142
長期目標	2	パワーエレクトロニクス機器	145
直接規制	24	Powering Past Coal Alliance	12
2DSシナリオ	45	PHEV	36
DR	39	BAU	44
デバイス	144	PMV	176
デマンドレスポンス	175	ピークアウト	8
電位窓	85	ヒートポンプ技術	41
電気自動車	36	光起電力効果	129
		ピグー税	23

ピグー補助金 …………………………… 24
フォアキャスティング ………………… 5
不確実性 ………………………………… 177
負の外部性 ……………………………… 20
プラグイン・ハイブリッド電気自動車
　………………………………………… 36
フラッシュ式発電 ……………………… 190

　　　　　　　ま　行
マグマ発電 ……………………………… 196
ミッシングリンク ……………………… 95

　　　　　　　や　行
優良事例 ………………………………… 194
揚水発電 ………………………………… 171
予測 ……………………………………… 173
450シナリオ …………………………… 9, 11

　　　　　　　ら　行
リチウムイオン電池 …………………… 73
リチウムインサーション（リチウム
　挿入）反応 …………………………… 77
リン酸ポリアニオン系 ………………… 82

■執筆者紹介 (執筆順)

馬奈木　俊介（まなぎ　しゅんすけ）　　　　　　　　　編集，第1章
九州大学大学院　工学研究院　都市システム工学講座　主幹教授・都市研究センター長

尾沼　広基（おぬま　ひろき）　　　　　　　　　　　　第1章
九州大学大学院　都市研究センター　フェロー

藤田　敏之（ふじた　としゆき）　　　　　　　　　　　第2章
九州大学大学院　経済学研究院　経済工学部門　教授

板岡　健之（いたおか　けんし）　　　　　　　　　　　第3章
九州大学　カーボンニュートラル・エネルギー国際研究所
エネルギーアナリシス研究部門　教授

原田　達朗（はらだ　たつろう）　　　　　　　　　　　第4章
九州大学　グリーンテクノロジー研究教育センター　教授

岡田　重人（おかだ　しげと）　　　　　　　　　　　　第5章
九州大学　先導物質化学研究所　先端素子材料部門　教授

島谷　幸宏（しまたに　ゆきひろ）　　　　　　　　　　第6章
九州大学大学院　工学研究院　環境社会部門　教授

村川　友美（むらかわ　ともみ）　　　　　　　　　　　第6章
株式会社リバーヴィレッジ　代表

柿本　浩一（かきもと　こういち）　　　　　　　　　　第7章
九州大学　応用力学研究所　新エネルギー力学部門　教授

西澤　伸一（にしざわ　しんいち）　　　　　　　　　　第8章
九州大学　応用力学研究所附属自然エネルギー統合利用センター／
エネルギー研究教育機構　教授

矢部　光保（やべ　みつやす）　　　　　　　　　　　　第9章
九州大学大学院　農学研究院　農業資源経済学部門　教授

村田　純一（むらた　じゅんいち）　　　　　　　　　　第10章
九州大学大学院　システム情報科学研究院　電気システム工学部門　教授

分山　達也（わけやま　たつや）　　　　　　　　　　　第11章
九州大学　エネルギー研究教育機構　准教授

■編著者紹介

馬奈木　俊介（まなぎ　しゅんすけ）

九州大学大学院工学研究院教授　同都市研究センター長。主幹教授

九州大学大学院工学研究科修士課程修了。米国ロードアイランド大学大学院博士課程修了（Ph.D.（博士））。サウスカロライナ州立大学，東京農工大学，横浜国立大学，東北大学などを経て，現職。

経済産業研究所ファカルティフェロー，東京大学客員教授，学術誌「Economics of Disasters and Climate Change」共同編集長，「Environmental Economics and Policy Studies」共同編集長，IPCC 代表執筆者。国連「新国富報告書」代表。OECD 環境と貿易作業部会副議長，2018年環境・資源経済学会世界大会共同議長を兼任。

主な著作：Managi, S.（Eds.）（2015）."The Routledge Handbook of Environmental Economics in Asia." Routledge, New York. 馬奈木俊介編著『豊かさの価値評価』（中央経済社，2017年），馬奈木俊介編著『エネルギー経済学』（中央経済社，2014年）ほか。

エネルギーの未来
■脱・炭素エネルギーに向けて

2019年3月10日　第1版第1刷発行

編著者	馬　奈　木　俊　介
発行者	山　本　　　　継
発行所	㈱ 中 央 経 済 社
発売元	㈱中央経済グループ パブリッシング

〒101-0051　東京都千代田区神田神保町1-31-2
電話　03（3293）3371（編集代表）
　　　03（3293）3381（営業代表）
http://www.chuokeizai.co.jp/
印刷／昭和情報プロセス㈱
製本／㈲井上製本所

©2019
Printed in Japan

＊頁の「欠落」や「順序違い」などがありましたらお取り替えいたしますので発売元までご送付ください。（送料小社負担）

ISBN978-4-502-28521-9　C3033

JCOPY〈出版者著作権管理機構委託出版物〉本書を無断で複写複製（コピー）することは，著作権法上の例外を除き，禁じられています。本書をコピーされる場合は事前に著作権管理機構（JCOPY）の許諾を受けてください。
JCOPY〈http://www.jcopy.or.jp　eメール：info@jcopy.or.jp　電話：03-3513-